智元微库
OPEN MIND

成 长 也 是 一 种 美 好

父母的情绪对了，
孩子的人生就顺了

刘一阳 著

人民邮电出版社

北京

图书在版编目（CIP）数据

父母的情绪对了，孩子的人生就顺了 / 刘一阳著 .
北京 : 人民邮电出版社，2025. -- ISBN 978-7-115
-66776-2

Ⅰ . G78

中国国家版本馆 CIP 数据核字第 2025K4J045 号

◆ 著　　刘一阳
　　责任编辑　杨汝娜
　　责任印制　周昇亮
◆人民邮电出版社出版发行　　北京市丰台区成寿寺路 11 号
　邮编 100164　电子邮件 315@ptpress.com.cn
　网址 https://www.ptpress.com.cn
　天津千鹤文化传播有限公司印刷
◆开本：880×1230　1/32
　印张：7.375　　　　　　　　2025 年 5 月第 1 版
　字数：120 千字　　　　　　2025 年 5 月天津第 1 次印刷

定　价：49.80 元

读者服务热线：（010）67630125　印装质量热线：（010）81055316
反盗版热线：（010）81055315

跬步之旅

2022 年 ~ 2024 年，我几乎每周都要直播十几小时，回答青少年家长提出的各种问题。我在这个过程中发现，大家的问题是有共性的。这个世界看起来纷纷扰扰、千奇百怪，但根源上的育儿困境就那么几十个。

同一个问题，我从回答第 1 遍到回答第 30 遍，几乎每一遍都不一样，但是到了第 31 遍，往往就有了稳定的回答。

本书内容就取自我直播的将近 2000 小时里最常被问到的几十个问题，以及回答过几十遍之后优化的结论和方法。在直播间里，很多家长都反馈这些方法很好用，不但适合用在孩子身上，用在伴侣、公司领导、客户身上也有效。

是啊！境随心变，心随情变。

情绪是我们觉察自己和外界的晴雨表，每个人的敏感度也有着天差地别。当我们能够敏锐地觉察自己细微的情绪变化，并能行云流水、气定神闲地于无声无形中扭转局面时，生命中的每一刻，无论是喜悦、平和的，还是愤怒、抓狂的，都将转变为动人的瞬间。

18岁时，我看着厚厚的高考志愿填报手册，忽然间被三个字吸引——心理学，一股莫名的力量牵引着我，如此笃定，我以几乎从未有过的干脆自然填报了这个专业。在之后的学业生涯中，我开始享受上课的快乐，从"学渣"一跃变成了"学霸"。

心理学给了我很大的帮助，所以我也想用心理学去帮助更多的人。这就是我做心理咨询师的初心。

转眼间我距离18岁已经22年了，很高兴在这些年里，我成了被热爱驱动的心理咨询师，也一直收获来自这份职业的滋养。

这是由一个个家长的困惑和焦虑而起的书，背后是一个个生病的家庭。我带着18岁时想做心理咨询师的初心，面对这些满是挣扎与无奈的家庭，一次次深入他们内心的幽微角落，倾听那些被压抑的痛苦，梳理错综复杂的关系，试图从专业的视角为他们找寻治愈的微光。

我深知，每一个家庭的困境都独一无二，每一种伤痛都需要用耐心去安抚。在这条助人的道路上，我秉持着不放弃任何一个家庭的信念，将所学所知倾囊相授，哪怕过程荆棘丛生，我也从未有过丝毫退缩。

路虽远，行则必至；愿虽艰，持之可达。

因为本书源起于数万个直播间的答疑，所以我愿称之为跬步之旅。

愿每一位家长和孩子都能在书中找到情绪的钥匙，用理解代替对抗，在成长的路上共赴温暖。

在此特别鸣谢我的导师——中国科学院心理研究所的祝卓宏教授，他不但在知识方面，更在做人、做事方面给我灯塔般的指引。

感谢郑恺，从《奔跑吧兄弟》里的阳光大男孩到如今的暖心爸爸，你的真诚、善良、谦逊，以及关于人性深处的智慧让你实至名归。

感谢唐婧，作为我的心理咨询师闺密，谢谢你的勤勉和鼓励，以及在出版方面的支持，才让本书顺利问世。

感谢小彤姐（张彤），你是我多年的工作室合作伙伴，让我看到作为一名心理咨询师润物细无声的功力，你更是本书的第一位读者。

本书出自我的录播课，从视频到文稿，再到文稿梳理，都是由微博增值业务中心的技术小伙伴帮忙完成的。感谢你们日复一日的辛勤工作，尤其是节假日中的迅速响应。

最感谢守护我的家人，尤其是我的丈夫，他经常在我写书时豪迈地承担起独自照看 3 个孩子的任务。这属实不易，为他点赞，也为我的 3 个宝贝点赞。

同时，也要感谢出版社的编辑们，三审三校精益求精，正是他们严谨细致的工作态度，才使本书能以更完美的姿态呈现在读者面前。

2025 年 4 月　于北京

目 录
CONTENTS

父母的情绪对了，
孩子的人生就顺了

第三章
培养情绪力的基础

第一节　什么是"好孩子"　　　　　　　　　　　　　　/ 046
第二节　关键期的教养指南　　　　　　　　　　　　　/ 057
第三节　做有边界感的家长　　　　　　　　　　　　　/ 073
第四节　让孩子绽放自我　　　　　　　　　　　　　　/ 076

第四章
让情绪力弯道超车

第一节　逆商培养的四个维度　　　　　　　　　　　　/ 086
第二节　探索孩子的价值观　　　　　　　　　　　　　/ 093
第三节　提升孩子的专注力　　　　　　　　　　　　　/ 107
第四节　品格培养的黄金窗口期　　　　　　　　　　　/ 116
第五节　培养男孩的情绪力　　　　　　　　　　　　　/ 122
第六节　培养女孩的情绪力　　　　　　　　　　　　　/ 133
第七节　成为孩子的"充电器"　　　　　　　　　　　/ 139

· II ·

第五章

亲子情绪调节工具箱

第六章

情绪力实战

第一章

孩子为什么总爱发脾气

第一节
情绪的本质

> 情绪是你最忠诚的"保镖"。它热烈又忠诚地希望
> 你好，想替你出头。然而，它使的劲儿也可能是"蛮劲
> 儿"。因此，我们要耐下心来，控制好它。
>
> ——题记

情绪的定义与种类

情绪，是我们内心感受的外在表现，它如同一幅丰富多彩的
画卷，描绘着我们的喜怒哀乐。情绪是一种复杂的心理现象，它
由个体的生理反应、主观感受和行为表现三个方面组成。

从种类上划分，情绪大致可以分为基本情绪和复杂情绪。基

本情绪包括快乐、悲伤、愤怒、恐惧和厌恶等。这些情绪是人类与生俱来的生理和心理反应。快乐让我们感到幸福和满足，它可能源于一个小小的成就、一次温馨的互动或一个惊喜；悲伤则常常伴随着失去和挫折，让我们体验到失落和痛苦；愤怒往往在我们感到不公平或权益被侵犯时出现，它可以激发我们的行动力，使我们有动力维护自己的权益；恐惧会提醒我们注意潜在的危险，促使我们采取保护措施；厌恶则让我们远离那些有害或者我们不喜欢的事物。

复杂情绪是在基本情绪的基础上，通过认知评价和社会文化的影响产生的，例如羞愧、内疚、自豪、嫉妒等。这些情绪更加细腻和多样，反映了我们复杂的内心世界以及在社会交往中遇到的各种情境。

情绪对生活的影响

情绪就像一把双刃剑，对我们的生活有着深远的影响。积极的情绪可以为我们带来诸多好处。当我们处于快乐、满足的状态时，思维会更活跃，创造力会更强，身体也会更健康。积极的情绪能增强我们的自信心和自尊心，让我们更有勇气面对挑战和困难。同时，它还能促进人际关系和谐，让我们更容易与他人建立良好的连接并开展合作。

然而，消极的情绪也不可忽视。如果我们不能正确处理消极情绪，那么它们可能会给我们带来很大的困扰。过度的悲伤可能导致抑郁；长期的愤怒可能破坏人际关系；强烈的恐惧可能限制我们的行动和发展。但是，消极情绪也并非一无是处。它们可以提醒我们关注自己的需求和问题，促使我们采取积极的行动改变现状。例如，悲伤可以让我们反思自己的损失，从中吸取教训；愤怒可以激励我们为正义而战；恐惧可以让我们更谨慎地面对风险。

情绪没有错，有时只是沟通没有效果

情绪本身并没有对错之分，每一种情绪都是我们内心感受的真实表达。无论是快乐、悲伤、愤怒还是恐惧，都是我们在特定情境下做出的自然反应。然而，在现实生活中，我们常常因为情绪表达不当而陷入冲突和矛盾。

很多时候，问题不在于情绪本身，而在于我们的沟通方式没有效果，沟通包括对外沟通和与自己内心的沟通。处于强烈的情绪中时，我们往往会失去理性思考的能力，习惯采用攻击性的语言或行为来表达自己的情绪。这样的沟通不仅无法解决问题，还会加剧矛盾，伤害我们与他人的感情。

因此，我们需要学会正确地表达情绪，采用积极的沟通方式与他人交流。例如，当我们感到愤怒时，可以先深呼吸几次，让自己冷静下来，然后用平和的语言表达自己的感受和需求，而不是选择指责和攻击对方。

人为什么会情绪失控

一方面，人们情绪失控可能是由于外部压力过大导致的。当我们面临过多的工作压力、学习压力和家庭压力时，容易变得紧张和焦虑，此时一旦遇到触发点，就可能情绪失控。

另一方面，情绪失控也可能与我们个人的性格和成长经历有关。如果我们在成长过程中没有学会正确地处理情绪，或者性格比较急躁、冲动，我们就更容易情绪失控。

此外，别小看身体因素，身体的疲劳、疾病、睡眠不足等也会影响情绪的稳定性，增加情绪失控的风险。

情绪存在的意义

情绪虽然有时会让我们感到困扰，但它的存在有着重要的意义。情绪是我们身体的一种自我保护机制，它可以提醒我们注意潜在的危险，促使我们采取行动保护自己。

同时，情绪也可以帮助我们维持心理平衡。在经历了一段紧张和有压力的时期之后，我们的身体会通过产生快乐等情绪来恢复平衡。情绪的起伏变化就像波浪，有高峰也有低谷，这些波动构成了我们丰富多彩的内心世界。

第二节
孩子的情绪成长地图

> 每一种情绪背后都有一个未被满足的心理需求。
>
> ——题记

情绪通常是个体对环境或内在状态的反应，反映着个体在某种情境下未被满足的心理需求，表 1-1 列出了情绪背后的需求。

表1-1　情绪背后的需求

情绪	背后的需求
愤怒	掩盖无能感，保护自己
悲伤	得到同情和帮助
害怕	回避危险
嫉妒	想证明自己不比别人差

（续表）

情绪	背后的需求
压抑	获得安全，避免冲突
抱怨	希望被倾听和关注
焦虑	害怕失去爱或边界
开心	强化幸福感
得意	赢得理解和尊重

孩子在不同的成长阶段，情绪有着不同的表现。

[1] 婴儿期（0~1岁）

阶段特点

- 0~3个月：主要通过哭和笑表达需求，如在饥饿、不舒服时哭，在满足时笑等。

- 3~6个月：开始对熟悉的人（如妈妈）有明显的偏好情绪，对陌生人可能表现出紧张等。

- 6~12个月：情绪变得更加丰富和多样化，如会害怕陌生人接近（陌生人焦虑）、在喜欢的玩具被拿走时感到难过和生气等。

容易引发的情绪问题

- 焦虑：如果孩子的需求经常得不到照顾者的及时回应，孩子可能长期处于焦虑和不安中，表现为频繁哭闹、难以安抚。

- 愤怒：当主要照顾者离开视线时，孩子会大哭大闹。

[2] 幼儿期（1~3岁）

阶段特点

- 1~2岁：以自我为中心，开始进入"可怕的两岁"阶段，经常发脾气、有叛逆行为，语言表达能力在发展，但还不能很好地用语言来表达情绪。

- 2~3岁：情绪表现更强烈，开始理解一些简单的规则和指令，但不一定能很好地遵守。

容易引发的情绪问题

- 挫折感：在自己尝试做一些事情做不好（如搭积木时总是倒塌）时，会愤怒、沮丧、哭闹。

- 规则冲突：在不理解规则或不想遵守规则被大人限制时，会有强烈的反抗情绪。

- 嫉妒：当看到照顾者对其他小朋友表现出友好和关爱时，可能产生嫉妒情绪。

[3] 儿童早期（3~6岁）

阶段特点

- 3~4岁：开始理解他人的情绪和自己的可能不同，能识别一些基本情绪（高兴、悲伤、生气等），开始发展出初步的同理心。

- 4~6岁：情绪体验更加丰富，能在一定程度上调节自己的情绪，逐渐适应幼儿园集体生活的规则。

容易引发的情绪问题

- 竞争压力：在幼儿园和其他小朋友的比较中，比如在老师表扬他人没表扬自己时，会产生失落、嫉妒等情绪。

- 社交冲突：在和小朋友的交往中，若因玩具、游戏规则等发生矛盾冲突，会出现愤怒、委屈等情绪。

- 害怕失败：在参与一些游戏、活动时，担心自己做不好或失败，可能产生紧张、退缩等情绪。

[4] 儿童后期（6~12岁）

阶段特点

- 情绪表达逐渐内化和含蓄，较少像幼儿期那样直接情绪爆发。

- 开始有比较复杂的情绪体验，如有了自豪感、羞愧感等。

- 开始对自我有一定的认识和评价，这些认知开始影响自己的情绪状态。

容易引发的情绪问题

- 学习压力：学业任务加重，如果成绩不好或学习困难，会焦虑、沮丧、陷入自我怀疑。

- 在意同伴的评价：非常在意同伴对自己的看法和评价，如果被嘲笑、孤立等，可能出现难过、自卑，甚至愤怒等情绪。

- 家庭期望压力：当感觉自己难以达到父母的高期望时，会产生压抑、内疚等情绪。

[5] 青少年前期（12~15岁）

阶段特点

- 身体快速发育带来心理上的变化，情绪波动大。

- 自我意识高度发展，追求独立和自主。

- 开始对异性产生好奇和特别的情绪。

容易引发的情绪问题

- 逆反情绪严重：开始挑战家长和老师的权威，容易与长辈
  产生冲突，出现对立情绪。

- 迷茫困惑：对未来和自己的发展方向感到迷茫，产生焦
  虑、烦躁情绪。

- 情感困惑：处理不好对异性的情感，可能陷入单恋、失恋
  所导致的情绪困扰。

第三节
家长如何利用情绪
角色滋养孩子

> 我们的健康成长需要一个温暖、宽敞的容器。在这个容器内，我们可以哭、可以闹、可以不安、可以肆意打滚……但容器始终是温暖的、安全的，让我们感受到自己被接纳，让我们能对自己有正确的认知，并学会合理对待他人。
>
> 这个温暖、宽敞的容器叫抱持。
>
> ——题记

已经有很多家长意识到，孩子出现问题的原因是之前得到的滋养不够，孩子的内心缺乏力量。但是，具体该怎么做才能滋养孩子呢？滋养孩子又有哪几个层次呢？

关系的本质是，谁制造了焦虑、谁承托了焦虑。无论是亲子关系、伴侣关系、朋友关系，还是同事关系，都可以归纳为这一句话。在这些关系中，如果是对方制造了焦虑，你是如何回应的？是承托了他的焦虑，使他的焦虑得到了缓解，还是冷冰冰地回应，没有使他的焦虑得到任何缓解，甚至变得更严重？这直接决定了你们的关系走向。

在夫妻关系中，当我们遇到不顺心的事情而焦虑时，可能会向配偶诉苦，如果配偶能够表示同情、理解我们，我们的焦虑就得到了承托，我们与配偶的关系也会更好。在亲子关系中也一样，无论孩子说出什么话，我们都需要观察他话语背后隐藏的焦虑，以更多的理解和承托来回应他，而非增加他的焦虑。我们要弄清他的焦虑是什么，理解他的内心，然后引领他更好地处理焦虑情绪，培养他的情绪处理能力，促使他养成良好的人格特质。

我们需要意识到自己的情绪并学会回应孩子的情绪，这是滋养孩子的前提。我们需要保持平和的情绪，理解和承托孩子的焦虑情绪，教会孩子如何应对挫折和痛苦，以更强大的人格面对各种冲突。孩子的人格和处理情绪的能力正是通过感受我们如何处理他们的焦虑而形成的。

通过父母的焦虑、孩子的焦虑、焦虑化解程度、父母及孩子的表现和孩子长大后的表现这五个方面，我们可以将原生家庭分为支持型父母、焦虑型父母、疏离型父母和虐待型父母这四种类型（见表 1-2），并用层次结构加以说明。

最低层次的是**虐待型父母**。这种父母会将自己的焦虑投射到孩子身上，孩子也会将焦虑投射给外界或表现为内心的压抑。这种养育方式会导致孩子在心理发展上出现严重问题。

其次是**疏离型父母**。他们可能因客观条件或心理因素与孩子疏离。孩子会感受到孤独、缺乏安全感。

再次是**焦虑型父母**。这种父母会将自身的焦虑转移到孩子身上，孩子也会把自己的焦虑投射给父母或外界。在有些家庭中，父母明明很爱孩子，家里却经常鸡飞狗跳，就是这个原因。

最高层次的是**支持型父母**。他们对自身的焦虑和对孩子的焦虑的觉察能力和处理能力都比较强，会有意识地为孩子提供支持和承托。

除了情绪的回应，父母若想滋养孩子，还需要在知识层面为孩子提供良好的教育和引导。父母需要不断学习，掌握有关育儿和儿童心理发展的知识，了解孩子的成长阶段和特点，以更好地滋养孩子，帮助他们发展良好的人格和情绪处理能力。

表1-2　原生家庭的四种类型

序号	父母类型	父母的焦虑	孩子的焦虑	焦虑化解程度	父母及孩子的表现	孩子长大后的表现
1	支持型父母	投射给自己或外界	投射给父母、自己和外界	高	父母有化解自身焦虑的能力，他们情绪觉察力强，化解力强，在面对孩子时是平和、愉悦、有内心空间的状态。使孩子的焦虑能够得到承托和化解	不卑不亢、人格成熟、情绪稳定
2	焦虑型父母	投射给孩子	投射给父母	中	父母消化不了自身的焦虑，将其投射给孩子，对孩子的要求很多，事事怕落后。父母在自己的人生中失控时，就容易对孩子采取高控制	一般内耗严重
3	疏离型父母	不会投射给孩子或外界	不会投射给父母或外界	低	父母自身有很多焦虑，但不会投射给孩子，也无暇顾及孩子。孩子会感受到孤独、缺乏安全感	性格内向、孤僻、缺乏内在力量
4	虐待型父母	投射给孩子	投射给自己或外界	低	父母对孩子羞辱、虐待；孩子不自爱，对外界暴力、冷漠	易形成严重心理问题、产生人格障碍

　　滋养孩子还需要一个积极的家庭沟通环境。家庭成员之间的沟通和互动应该是积极的，大家彼此尊重，互相支持。父母需要成为孩子的榜样，向他们展示良好的行为和价值观，并提供积极的反馈和鼓励。

　　最重要的是，滋养孩子需要父母投入时间和关注。父母要与孩子建立亲密的关系，听取孩子的需求和想法，给予他们适当的自主权，让他们感受到自己在家庭中的重要性。

　　总之，**滋养孩子的前提是父母能够看到孩子身上的优点，父母自身也应情绪稳定、愉悦**。父母要意识到自身情绪的重要性，积极的情绪会带来积极的认知，反之亦然。父母应为孩子提供知识和教育的支持，建立积极的家庭环境和关系，对孩子投入时间和关注，这些因素共同作用，方可帮助孩子健康、积极地成长。

第四节

孩子的"病"
是家庭"生病"的折射

> 有时候，孩子出现了心理问题，是为了提醒这个家庭，该停下来改变家庭成员的相处模式了，家庭的每一个成员都要做出改变。
>
> ——题记

序位与平衡

家庭中的每个人都有自己的序位，当序位被打乱时，系统就会失去平衡，进而引发各种问题。

例如，如果父母之间存在严重的矛盾而没有得到妥善解决，孩子可能会无意识地试图"拯救"家庭，通过让自己出现问题（比如心理问题、行为问题等）来吸引父母的注意力，让他们暂时放下矛盾，共同关注自己。孩子以这种方式试图恢复家庭系统的平衡，即使他们并不清楚自己为什么会这样做。

忠诚与认同

孩子天然忠诚于家庭。他们会在无意识中认同家庭中的某些成员，尤其是那些被忽视、被排除或遭受痛苦的成员。

如果家族中有未被解决的创伤事件，或者有某位成员经历了重大的困难或痛苦，孩子可能会通过自己的"病"来表达对这个成员的忠诚和认同。比如，若家族中曾有一位长辈因抑郁而离世，孩子可能会在成长过程中出现类似的抑郁症状，仿佛在替那位长辈承受痛苦，以保持与家族的某种连接。

能量的传递

家庭系统就像一个能量场，家庭成员之间的情绪、情感和经历会在这个能量场中相互传递。

如果家庭中长期存在负面情绪，如愤怒、恐惧、悲伤等，就会影响到孩子。由于孩子身心较为脆弱，更容易受到这些负面能量的冲击，从而表现出各种"病"的症状。比如，父母长期处于焦虑状态，孩子可能会通过频繁生病、学习困难或情绪不稳定等来反映家庭中的焦虑能量。

隐藏的动力

家庭系统中可能存在一些隐藏的动力，这些动力会影响孩子的身心健康。

例如，如果家庭中存在未被表达的愧疚、遗憾或秘密，孩子就可能无意识地承担起这些隐藏的情感负担，以维持家庭系统的稳定。在这种情况下，孩子的"病"可以被看作家庭中隐藏情感的一种外在表现，提醒家庭成员去关注和解决那些被忽视的问题。

孩子的"病"往往与家庭系统的状态密切相关，是家庭"病"的一种折射。认识到这一点后，家长可以更深入地反思家庭关系和家庭氛围，通过调整家庭系统来帮助孩子恢复健康。

第二章

亲子情绪容易出现的卡点

第一节
青少年的典型压力源

生命的质量取决于创造，而不是被制造。

——题记

　　根据调查，青少年的压力主要来自父母过严的管教、考试、过多的作业、与同学和老师相处的问题，以及对未来的迷茫等。而青少年因压力而产生的心理问题，则主要源于"四种狭窄"。

"四种狭窄"

[1] 空间狭窄

　　我们这代人小时候，放学了一般不喜欢立刻回家，而是去同学家、小区楼下、小树林里或废旧厂房等地方玩。在那些自由而丰富的探索中，我们学会了冒险、互助，还有保护自己和承担责任。

但现在的孩子能够探索的空间实在是太少了，即使能去不同的游乐场所玩，也常常感到不自由，因为总有一双或几双眼睛在背后盯着他们。虽然这主要是为了保障他们的安全，但无形中也限制了他们的好奇心和探索精神。

[2] 时间狭窄

迫于学习任务和考试压力，青少年长时间的学习以及严格的作息安排，使得他们很难拥有自由支配的时间去探索和培养自己的兴趣爱好。

找我做咨询的一位高三男孩，所在的学校宣扬"分秒必争地学习"，他从放学离开座位到吃完饭回到座位只用7分钟时间。久而久之，巨大的压力让他感到莫名的恐慌和委屈。

超负荷运作带来的一定是更快的折损。

对艺术作品来讲，留白是很重要的，人的成长同样也需要留白。发呆、犯错、沉淀、胡闹，都是一个鲜活生命重要的一部分。

[3] 兴趣狭窄

我们一天之中做的大多数事都会消耗能量，但如果做的是真正喜欢的事，则不但不会耗能，反而还可以为我们补充能量。

而人如果没有机会认识自己，又怎么知道自己的兴趣在哪里呢？

许多青少年专注于追求学习成绩，对其他事物缺乏关注和投入，也很少有机会去探索、发展和培养自己独特的兴趣，这就会导致他们内心空虚、缺乏满足感。

[4] 社交狭窄

哈佛大学曾对"什么样的人最幸福"做过一项研究。研究人员对 575 人进行了长达 75 年的跟踪研究，结果发现，最幸福的人不是最富有的人，不是最聪明的人，不是最成功的人，而是拥有高质量亲密关系的人。

在互联网时代，看似人与人的沟通变得更容易了，但是**为什么人们之间的关系反而淡薄了呢？**

第一，信息超载，过量的信息不但分散了人们的注意力，而且导致人们心理压力激增。

第二，娱乐方式的封闭化，人们大多数时候自娱自乐就可以满足情绪需要，无须维护人际关系。

第三，选择过多，反而令人们无从选择。

第四，缺少等待。从前生活节奏慢，人们对感情有细细品尝的机会，现在虽然生活便捷，但许多感情变得直白、缺少质感。

第二节
情绪问题会影响大脑发育吗

压力大时，人会变笨。

——题记

当有情绪问题时，大脑会出现哪些变化

我们都知道大脑有不同的脑区，对应着不同的功能。若大脑受损，人的情绪和行为模式也会发生改变。若青少年长期承受学习、生活等方面的压力，他们的大脑也会发生变化。

以抑郁状态的孩子为例，其大脑在结构和功能上和普通人的大脑存在一些差异。

海马体改变。海马体在情绪处理和记忆形成等方面起着重要作用，抑郁症患者的海马体可能出现萎缩，使抑郁状态下的人记忆力下降或不太稳定。

前额叶功能改变。前额叶负责处理复杂信息，如进行推理、分析、判断等，抑郁症患者的前额叶功能受损，导致情绪调节、决策和行为控制困难。

杏仁核活跃。人在紧张和恐惧时，杏仁核会比较活跃。抑郁症患者的杏仁核更容易被激活。值得注意的是，抑郁孩子的杏仁核相较于非抑郁孩子更为活跃，这意味着他们即使在大脑能激活的区域较少的情况下，仍能体验到更强烈的紧张和恐惧情绪。

神经传递和神经调节存在异常。神经递质（如血清素、多巴胺和去甲肾上腺素）在情绪和情感调节中起关键作用。抑郁症患者的神经传递和神经调节可能存在异常。该异常可能导致抑郁症患者出现情绪和情感异常。

需要注意的是，这些观察结果是一般性的现象，并不适用于所有抑郁症患者，抑郁症的病因非常复杂，是遗传、生理、心理和环境因素的相互作用，因此，每个人的情况可能不同，具体影响因素需要进一步研究和分析。

如何判断孩子是否需要帮助

给孩子和自己的情绪状态打分，从 –5 分到 +5 分，如果孩子在大部分时间里情绪评分都为负分，那么孩子可能就已经处于问题的边缘了。这种状态持续数周，孩子的神经递质和脑区活跃度都会受到影响。

在日常生活中，我们可以通过观察孩子是否有"三快"的表现，来大致判断孩子是否正处于需要帮助的阶段。

吃得快。

说得快。

睡得快。

如果孩子能量饱满、自信、不内耗，做事时会像充满了气的皮球一样，精气神很足。相反，若孩子表现得蔫蔫的、萎靡不振，他就是在用自己都没察觉的方式向家长求助。这个时候，家长不宜给孩子提更高的要求，而应该给孩子补充能量。

这个道理看似简单，却被很多家长忽略。

休学和厌学的孩子往往在很早之前就表现出了端倪，比如对什么事都提不起兴趣。如果家长能及时发现并正确对待，是可以防微杜渐的。

人只有拥有积极情绪，才会产生积极体验和积极行为。孩子在情绪饱满的状态下更容易享受生活，并愿意为生活奋斗和探索。家长可以和孩子一起探索"和父母一起做什么事情可以让孩子的情绪分值能达到 4 分以上"，从而摸索出适合孩子的、独特的"加油"方式。

随着孩子年龄的增长，找到能够提高他情绪分值的活动也许会变得更加困难，但同时也变得更重要。一旦家长找到了合适的活动，这无疑是给孩子打造了一个可以自给自足的能量系统。这同时也是帮助孩子建立情感支柱和社会知识体系的重要途径。

可以让情绪分值提升的事

[1] 倾诉

所有的烦恼，只要能够说出来，就解决了一半。 因为，说出来的烦恼就不再像是被我们压在潜意识层面，想要抱抱又不敢吭声的孤独的内在小孩了。

当我们开始倾诉时，不但能让对方看到我们内在的不易，更重要的是，我们自己也在勇敢面对和拥抱那个受伤的自己。

　　闲谈培养智慧，"废话"堆积感情，尤其是在亲密关系之间。如果家长和孩子说的所有话都有明确的目的，那么我们的生活环境就会变得刻板和冰冷。因此，请家长至少给孩子营造一个每天都可以说很多"废话"的氛围。家长自己也要经常和孩子聊一聊不那么功利的趣事，这是增进感情、让孩子顺畅倾诉的好办法。

　　倾诉的核心在于面对。作为倾听者，重点是不打断、不评判、不指导，让孩子能够顺畅表达情绪。

[2] 运动

　　运动对改善情绪具有重要的意义。

　　第一，运动可以促进大脑释放多巴胺、内啡肽和血清素等化学物质。这些化学物质有助于改善心情，减轻焦虑和压力，增加愉悦感。

　　第二，运动可以促进血液循环，同时也会引发身体和大脑的积极反应。运动可以分散注意力，从而减轻焦虑、抑郁等不良情绪。

　　第三，通过定期锻炼达到目标，不断取得进步的经验，可以增强自尊心和自信心，有助于人们建立自我价值感。

第四，运动可以改善睡眠质量，缓解失眠问题。睡眠是影响情绪的重要因素，良好的睡眠有助于恢复身心平衡，提升精神状态和情绪稳定性。

第五，运动可以促进社交互动。很多运动都需要与他人合作或竞争，这有助于增强社交互动、建立人际关系和增进社交支持。与他人一起运动具有社交属性，可以让人感受到社交的乐趣。

[3] 拓宽视野

提起拓宽视野，许多家长会觉得又费钱又费时间，其实不然。在城里住惯了，去过一过乡村生活，坐公交车去邻县看看，逛一逛博物馆和各种展览……这些都是既省钱又能拓宽视野的方式。

家长也可以带着孩子一起看纪录片。旅行类、人物传记类、科教类、文史类的纪录片都是很好的选择。

拓宽视野不仅对孩子的神经系统有积极的影响，还能提升他们的情绪调节能力。

第一，建立新的神经连接。拓宽视野时，我们会暴露于新的环境和刺激中。这些刺激可以促使我们的大脑建立新的神经连接，这些连接又可以增加不同脑区之间的连接，促进神经网络的发展和灵活性。

第二，促进神经可塑性。新的学习和体验机会能促进神经的可塑性。神经可塑性指的是大脑的可塑性和适应能力，它允许我们在面临新情境时调整和改变神经连接。通过不断拓宽视野，我们可以促进新的神经通路的形成和加强，提高大脑的适应能力。

第三，提升认知功能。拓宽视野可以增强大脑接受和处理信息的能力。当我们接收不同的文化、观点和经历时，大脑需要适应新信息，并运用不同的认知策略。这种认知上的挑战可以提升我们的思维灵活性、创造力和解决问题的能力。

第四，提高情绪调节能力。拓宽视野还可以对情绪调节产生积极影响。体验新事物、了解不同文化和接触新环境，会使我们的情感体验更丰富，进而培养出更强的情绪调节能力，提高我们情绪的稳定性和抗压能力。

我们不能仅从孩子的表面行为判断他们的问题，还要探究这些行为背后的原因，如家庭环境、父母榜样、社会环境等。此外，对出现问题的青少年，适当的药物治疗结合心理治疗可能更有效，因为他们的神经系统或许已受到影响，需要用双管齐下的方式来调整。而对孩子的改变和成长而言，最重要的是来自整个家庭的支持和配合。

第三节
影响青少年情绪的四个维度

经常有家长问我："我家孩子现在休学了怎么办？""现在孩子每天睡不好觉怎么办？""现在家里每天都因孩子吵得鸡飞狗跳的怎么办？""孩子在家里闷闷不乐，根本就不说话，怎么办？"

一般来说，我会让家长从基础情绪、创伤事件、价值观、家庭养育这四个维度来进一步描述孩子的问题。这样做能让我们大概知道孩子问题的方向。有的孩子可能在某一点上的问题稍微严重一点儿，我就会给出一个大概的方案。

上述四个维度就是心理问题的"血常规"，即使没有找心理医生，家长也可以通过这四个维度简单判断一下孩子的状态。

基础情绪

基础情绪，简单来说，就是孩子从小到大的性格是大大咧咧的，还是较为细腻的。大多数父母更希望孩子大大咧咧一点儿，这样他就没那么容易受伤。但是，不同的性格有不同的优势。大大咧咧的孩子通常更具有冒险精神，恢复力也更强，更容易面对和克服困难；心思细腻的孩子通常想象力丰富，觉察力很强，爱思考。虽然基础情绪一旦成型，则不易被改变，但是家长可以通过一定的方法帮助孩子进行调整。例如，增加运动量和保证充足的睡眠，这有助于改善情绪状态。家长在帮助孩子调整基础情绪时，选择合适的方法是关键。

创伤事件

创伤事件对孩子的影响很大。孩子的感知力很强，但解读事情的能力相对较弱。有时候，他可能放大了一些事情对他的危害，从而产生恐惧。孩子心里有事，不说出来不意味着没发生。这些事就像小小的创口，如果未及时处理，就可能引发感染，进而造成更大的损害。家长可以通过观察孩子的日常表现，比如是否出现消极、拖拉、磨蹭等行为来判断这一点。如果孩子有了心理创伤，家长又没有及时处理，情况就可能越来越糟。因此，家长一定要重视孩子的心理创伤，有问题及时处理，必要时可以寻求专家的帮助。

价值观

价值观是指一个人认为什么事物是重要的、值得追求的，以及这些事物在自己生活中的优先级。它涉及个人对道德、伦理和生活目标的基本信念和态度，影响着个人的选择和行为。

有两种比较危险的价值观需要家长注意。

一种是**自我中心主义**，指一个人将自己放在最重要的位置，将个人的需求和利益置于他人之上。这是一种较为自私自利的价值观，其核心是个体的自我满足和自我成就。在哲学和伦理学中，过度的自我中心主义被视为一种道德上的缺陷，因为它在一定程度上忽视了他人的权力和利益，只追求个人的利益。然而，在现实生活中，自我中心主义者并不少见，尤其在竞争激烈的社会中，人们往往更关注自己的利益，忽视了他人的需求。

以自我为中心的孩子在家庭中往往被溺爱，他们对群体生活可能适应得很慢，甚至无法适应，家长如果不及时发现并加以干预，很容易引发更多问题。

另一种是**享乐主义**，指过于注重追求个人快乐和享受，把追求快乐和享受作为人生的最高目标。然而，从教育的角度看，一味追求快乐和享受是有问题的。教育家认为，真正的快乐和满足来自个人的成长与发展以及对他人的贡献。只追求个人快乐和享受的人往往无法获得持久的满足感和意义感。

现在网络上充斥着许多不良影视作品，对孩子们的价值观产生了不好的影响，很容易引发孩子动力方面的问题，家长要早发现、早干预。

价值观对一个人的精神面貌和生活状态影响很大。如果孩子的价值观出现问题，家长就需要花费更多的时间，帮孩子纠正。

家庭养育

简单地说，家庭养育是指父母在孩子成长过程中对他们的支持和培养方式。

有三种比较容易出问题的家庭。

[1] 父母长期缺席的家庭

若父母长期缺席、无法陪伴孩子成长，则会导致孩子的需求无法得到满足。针对这种情况，建议父母与孩子建立稳定的亲密关系，增加亲子互动时间，例如制订固定的家庭活动日程，营造温馨的家庭氛围。心理学家建议家长多鼓励孩子，培养孩子独立自主的能力，并为孩子提供适当的支持。

[2] 父母的情绪不稳定的家庭

父母的情绪不稳定，会对孩子的情绪和心理产生不良影响。父母应积极寻找管理自我情绪的方法，学会有效处理压力和情绪。同时，父母要注意给孩子提供稳定的情感支持和充足的情绪表达空间，鼓励孩子表达情感，并培养他们的情绪管理能力。父母也可以尝试参加一些心理咨询或培训课程，帮助自己了解并处理情绪问题。

[3] 父母过分包办和代替的家庭

过分包办和代替意味着父母过度为孩子做决策，比如替孩子做决定或代替孩子处理他们能够应对的问题和挑战。教育家和心理学家都强调，父母要鼓励孩子独立思考和承担责任，为孩子提供适当的支持和引导，但不要过度干预。这样可以培养孩子自己解决问题的能力和独立性。家长应该相信孩子的能力，并鼓励他们在适当的时候承担更多的责任。

建立稳定的亲密关系，培养情绪管理能力，鼓励孩子独立思考和承担责任，以上都是培养孩子健康成长的重要方面。通过教育和心理支持，家长可以为孩子提供更有利于成长的环境。

此外，虽然包办和代替等底层的心理和情感问题可能需要家长花较长时间来调整，但是一旦调整好了，对孩子精神面貌的积极影响会非常大。家长可以通过多反思来准确定义问题，这非常值得家长投入精力，并一定会收到高价值回报。

第四节
磨蹭是一种心理防御

> 孩子做事磨蹭的根源有三个，要么是动力不强，
> 要么是目标不清晰，要么是他现在有困难。
>
> ——题记

有时孩子写作业，一会儿喝口水，一会儿上厕所，小动作很多；或者家长让孩子做一件事，催了好几遍也催不动他。

看到孩子磨蹭，家长往往会气不打一处来。家长发了指令，孩子却没有响应，或者响应得和家长想象的不一样，给家长带来了很大的挫败感，让家长感到失控和生气。

家长一旦感觉失控，事情就变大了。强烈的挫败感会让家长认为自己连小事都控制不了，孩子也不听话，从而非常气愤。而

当家长带着这份气愤对待孩子时，孩子会感到害怕并尝试保护自己，愈发觉得应该由自己说了算，自己不能被家长完全掌控。

孩子做事磨蹭，这本身并非大事，这一问题可以分三个维度来讲述。

[1] 磨蹭的表现

孩子的磨蹭行为通常表现为在做作业时频繁喝水、上厕所，或者在做穿衣服、刷牙洗脸等日常任务时有严重的拖延现象。这会让家长充满挫败感，觉得孩子没有及时响应指令，导致家长感觉失控和自尊受损。许多家长因此对孩子的磨蹭行为暴跳如雷，认为自己的权威受到了挑战。

[2] 磨蹭的根源

孩子磨蹭的根源通常有三个。

第一，动力不足，孩子缺乏完成任务的内在动机。

第二，目标不清晰，孩子不清楚需要完成的具体任务和时间限制。

第三，存在困难，孩子在执行任务时遇到了困难。

为了增强孩子的动力，家长可以为孩子设定清晰的目标和奖励机制。例如，告诉孩子要在每天晚上 8:30 开始洗漱，9:00 之前完成洗漱任务，如果完成得好，就给他们讲故事。通过设定明确的时间框架和奖励，孩子会更有动力完成任务。

为了让孩子明确目标，家长需要提供清晰的指引。例如，不要只反复催促孩子"快点儿洗漱"，而是告诉孩子洗漱完毕的时间和要求。此外，可以设定提醒的梯度给孩子的表现打分，例如主动完成任务加 10 分，提醒一次加 5 分，提醒两次加 3 分，提醒三次加 1 分，超过三次不再加分，以帮助孩子建立时间观念和责任感。

[3] 隐性攻击

当家长因孩子的磨蹭行为感到愤怒并表现出攻击性时，孩子可能通过隐性攻击来表达对家长的不满和抗议，比如假装没听见要求、不响应指令，或者故意拖延等。

为了有效应对孩子的磨蹭行为，家长需要做到以下几点。

第一，设定清晰的时间框架和任务要求，让孩子知道在具体时间内需要完成什么任务。

第二，提供明确的提醒梯度，通过加减分制度逐步减少提醒的次数，帮助孩子自律。

第三，实行奖励机制，通过积分和奖励，增强孩子的动力。

第四，教孩子应用番茄工作法等时间管理工具，提高孩子的专注度，并针对积极的反馈及时给予鼓励。

成年人使用番茄工作法，通常把 25 分钟设为一个专注单元，而引导孩子使用这种方法时，家长可以把专注单元调整为 10 分钟、15 分钟或 20 分钟。在这个专注单元内，孩子不应有任何多余的动作，只专注于当前任务。通过这种方法，孩子可以像玩游戏一样挑战自己，逐步提高专注度。例如，他可以先设定 10 分钟的准备时间，在这期间完成喝水、上厕所等事项，然后在接下来的 10 分钟内专注于做一项任务。家长只需关注孩子的专注度，而不必同时关注孩子完成任务的速度和质量。在孩子的整个小学阶段，我们都可以只抓"专注度"这一件事，因为孩子完成任务的速度和质量会随着专注度的提升而提升。

在专注单元结束后，家长可以给孩子一些积极的反馈和鼓励。例如："妈妈看到你在这 10 分钟里非常专心，做得很好。大多数像你这么大的孩子是做不到这样的，你很了不起。"这种正向反馈会让孩子感到被认可和支持，从而会更积极主动地做事。

如果家长在孩子做事的过程中总是挑剔和批评，孩子就可能产生抵触情绪，进而不愿意做事。

通过以上方法，父母可以帮助孩子逐渐减少磨蹭行为，让孩子变得更有责任感和时间观念。

第三章

培养情绪力的基础

第一节
什么是"好孩子"

> 让孩子成为一个能"绽放自我"的人。
>
> ——题记

关于如何培养好孩子，众说纷纭，其中有两种观点最常见。

一种是"学霸教育"的观点，它基本上等同于唯分数论，家长认为如果孩子考试成绩好，能考入名校，就算是把孩子培养好了；另一种是"快乐教育"的观点，家长认为只要尊重孩子的天性，让孩子自由地成长就好。

我接触了很多孩子家长，他们遵循着各式各样的养育理论。我想从我的角度给大家分享一下，把孩子培养好的标准是什么。希望能给大家一些启示。

我认为，把孩子培养好的标准是，让孩子成为一个能"绽放自我"的人。

为什么要让孩子"绽放自我"

那么，什么是真正让孩子绽放自我的教育呢？

在我看来，"绽放自我"的教育是一种立足于现实，同时注重发展自我的教育。我们不能简单地用社会的标准或他人的期待来定义或限制孩子的成长，不能让他们只专注于学习，导致生活单一乏味，也不能完全放任他们按照自己的性子行事，仅仅追求短暂的快乐。

教育的真正目标是培养出能够适应社会、适应生活，并且能够驾驭生活的孩子。所谓"驾驭生活"，意味着孩子在遇到挫折时，拥有良好的恢复力；面对问题时，能够灵活地处理并解决问题。这样的孩子才能真正享受到生活的乐趣。

"三我"及各自遵循的原则

我的这个养育理念是基于"三我"概念而提出的。"三我"概念是由精神分析学派的创始人西格蒙德·弗洛伊德（Sigmund

Freud）提出的心理结构理论，它阐述了人类人格的动态组成。"三我"是指**"本我""自我"**和**"超我"**，三者相互作用，共同塑造了个体的心理和行为表现。图 3-1 描绘了"三我"及各自遵循的原则。

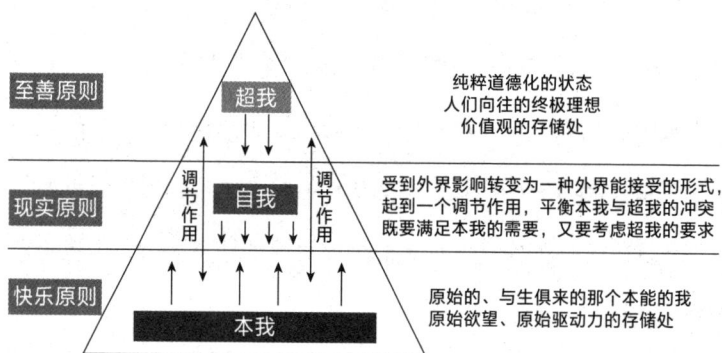

图 3-1 "三我"及各自遵循的原则

人的行动实际上受到"本我""自我"和"超我"这"三我"的驱动和影响。几乎可以说，"三我"无时无刻不在影响着我们。

[1] 本我

什么是"本我"？举个简单的例子，我们饿了就想吃东西，累了就想睡觉，这些行为不需要别人教，是我们与生俱来的反应，这些都是在"本我"驱动下的表现。"本我"代表着人的原始欲望，它受生物性欲望和本能驱动。"本我"追求即时满足，不考虑现实或道德约束。

人的幸福始于对自己的忠诚，人们知道内心所爱并大胆实践，这就是一个满足"本我"的过程！

每一个人都有独特的一部分，孩子的"本我"这一部分一定要被保留下来，这是孩子热爱世界、享受自己生命的根本。

"本我"太强的人有很多生动、有趣的特点，例如爱美、善于享乐。但同时，这类人也很容易选择放弃或逃避困难。这可以归因于他们的关注点过于狭窄，导致承受的压力过大，就像当把力量集中于一点时，该处的压强就会很高。

长期依赖父母、不愿意承担责任的年轻人，往往"本我"过于强大。他们沉浸于享乐，认为活着应只为自己，缺乏对生活更深层次的追求。在这种状态下，他们显得缺乏担当、不够积极向上。

在很大程度上，问题的根源在于父母的溺爱。溺爱与爱的区别在于，溺爱强调满足孩子的需求，而忽视了教导他们承担责任、考虑他人的感受。这样一来，孩子就缺乏解决问题的能力，也无法体会为他人着想的重要性。

有些年轻人因为被父母溺爱而变得依赖性强、缺乏责任感，他们没有意识到，**真正的成长，需要的不仅是物质上的满足，更多的是责任意识**。父母的溺爱，事实上阻碍了孩子的正常成长，导致孩子在面对生活的挑战时显得无力和迷茫。

因此，在教养过程中，父母应当注意避免让孩子过度受"本我"支配，以免影响其人格的健康发展。

[2] 超我

"超我"是人格中的道德部分，内化了社会规范和道德标准，代表着良心和理想自我。"超我"经常与"本我"发生冲突，因为它要求个体按照社会和道德的标准行事。"超我"是经过社会的洗礼和道德化后形成的，每个人的"超我"水平是不一样的。孩子的"超我"在 3 岁左右就开始发展了。3~10 岁是孩子比较容易形成"超我"的时期，因为在这个时期，孩子特别依赖大人的价值观。只要家长不是过于强势或爱唠叨，并且亲子关系较好，大人的价值观和行为习惯就比较容易被传递给孩子。

拥有超高规则感和道德水准，听起来很美好，但"超我"是不是越强越好呢？"超我"特别强的时候，会极度挤压"本我"。

比如很多人在成长过程中都觉得，只要醒着，就必须"干正事"。我的许多青少年来访者都觉得放松是可耻的。

"超我"过强的人，通常表现出色且处事冷静。周围的人常常称赞他们，但他们的内心同样充满焦虑与迷茫。他们也常被认为无趣，就像《装在套子里的人》的主人公，虽然他总是行事正确，但却缺乏生活的乐趣。

据人民网报道，北京大学徐凯文副教授进行的一项调查显示，北京大学有四成新生觉得生活没有意义。这说明即使是成绩很好的学生，也会对自我身份和人生方向感到困惑。还有许多学生在高中阶段过度努力，到了大学认为终于可以松一口气了，开始"躺平"，长时间不能调整好自己，进而对未来的生活与学习感到迷茫。

我在咨询工作中，接触了许多"超我"过强的孩子，有些孩子会出现"不良"行为，如过度调皮或想尝试一些大人难以理解的事情。这可能仅仅是因为他们想要探索自我、活出自己的本性，不想完全按照外界的规则生活，这反映了"超我"过强对个人心理健康可能造成的负面影响。不过，相对于那些过度压抑自己的人，这类孩子至少没有失去自我。

[3] 自我

在探讨了"本我"与"超我"的概念之后，"自我"便成了一个相对容易理解的概念。"自我"是人格中理性的部分，负责调节本我与外界现实之间的冲突。它遵循现实原则，通过计划、延迟满足和逻辑思考来协调本能欲望与现实条件。

"自我"实际上充当了"本我"与"超我"的调和者的角色，负责调解二者之间的矛盾。以我的个人经历为例，我的"本我"倾向于追求享乐——每天都想去玩，追求无忧无虑的生活；而我的"超我"则对自己有更高的要求，希望自己成为一个优秀的学生、一个让父母放心的人，一个能够得到老师和同学认可的人。

在学习这件事上，大多数孩子实际上都同时拥有"本我"与"超我"的动力。问题在于他们往往没能很好地调和这两种动力的矛盾，导致表面上看好像患上了拖延症。在这种状态下，孩子既想投入学习，又想寻找乐趣，结果就是他们的身体虽然坐在书桌前，心思却飘忽不定。

具体到行为上，当孩子坐下来打算学习却频繁做无关的小动作时，实际上是"本我"在作祟，而让他们坐下的动力则来自

"超我"。"本我"与"超我"冲突不断，会导致孩子学习效率低下，或者花了时间却什么都没做成。

而那些自我调控能力较强的人，则能很好地平衡这两方面的需求。当需要满足"本我"时，他们会给自己充分的放松与享受时间；当需要满足"超我"时，则会心无旁骛地投入工作或学习。为了满足"本我"，建议可以进行一些体力活动，如运动、玩乐等，这不仅有助于消耗人的体能，还能提升我们体内的多巴胺水平，让人感到快乐和满足。

大人和孩子都可能出现拖延，这通常是因为他们没能了解并有效地调解"本我"与"超我"之间的矛盾。要想解决这一矛盾，关键在于首先认清并正视"本我"和"超我"的合理存在。每个人都同时拥有"本我"与"超我"，它们的存在是合理的，只有接纳并理解这一点，我们才能有效地为它们找到各自合适的发展空间，进而更好地协调它们之间的关系。"本我"追求的是快乐，"超我"遵循的是至善或道德，而"自我"的任务则是基于现实，在"本我"和"超我"之间找到平衡。图 3-2 形象地展示了这三者的关系。

本我　　　　自我　　　　超我
驱动力　　　控制力　　　指导力

图 3-2　"本我""超我"和"自我"

"本我"是一匹拉着马车的马，它可能还是一匹烈马；"超我"是坐在马车里的人；而"自我"是驾车的车夫，负责协调管理"本我"和"超我"，让我们在日常生活中不全听"本我"的，也不全听"超我"的。

如果更形象地解释，"超我"就像一个机器人，坐在马车里，它有很多知识，但是没有人性，也不太懂得为别人着想。

驾驶马车的人既要让马吃饱，又要确保走对路，他要让"超我"一直有电，需要找资料的时候能够被找到。也就是说，"超我"更多的是提供知识。有了它，我们在面对困难时，就能做出更快的反应和更明智的决策，但是，如果只听这个"机器人"的话，它告诉你，一直走，不许停，就会把"本我"和"自我"都累坏了，马车也不会顺利前进。

如果一个人的"本我"特别强，"超我"特别弱，又会是什么样的呢？人会被"野马"拽着跑，它高兴去哪儿就去哪儿，不高兴去就不去。有些孩子从小到大都被溺爱，就相当于他任由一匹野马拉着自己走，毫无方向可言。

抚养孩子的理想标准

到底什么样的孩子可以被认为是被正确抚养长大的呢？或者说，抚养孩子的理想标准是什么？

我想说的是，养育孩子时，应当注意让孩子的"本我"和"超我"均衡。换句话说，孩子需要有适度的空间来表达真实的自己，保持内心的自由与独立，展现真实的"自我"。

孩子需要有发呆的时间和犯错的机会，还需要学会处理自己的复杂情绪。有时候，他们会表现出完全不可理喻的情绪，这些情绪可能源于青春期的激素波动。当孩子出现莫名其妙的行为时，父母可能感到困惑。比如，有些孩子会热衷于角色扮演，喜欢穿二次元服装，对于父母来说，非常关键的是，**即使不理解，也要尊重和支持他们的行为**。

这种尊重和支持对孩子发展出独特的自我是极其重要的，是他们形成自我认同的基石。

　　我希望家长能在自我成长过程以及对孩子的养育实践中，去思考自己的"本我""自我"和"超我"处于何种状态。这个概念是接下来的内容的基础，希望家长认真学习并掌握它。

第二节
关键期的教养指南

> 生命非常执着地向前，一个阶段没有解决好的问
> 题会顺延到下一个阶段，而新的阶段又会有新的问题
> 出现。拿安全感来说，有的人在人格发展的第一阶段，
> 即 0~1.5 岁就已经有了非常牢靠的安全感，但有的人终
> 其一生也没有这些。
>
> ——题记

埃里克森的人格发展八阶段理论（见表 3-1），让我在学习心
理学方面茅塞顿开，也是家长在养育孩子时必须掌握的知识点。

表3-1 人格发展八阶段理论

序号	阶段	年龄	心理任务	核心品质	发展顺利者的特征	发展不顺利者的特征
1	安全感时期	0~1.5岁	建立安全感	希望	对人信任，有安全感、善于从环境中获得支持	对他人和环境感到担忧和害怕
2	自主性时期	1.5~3岁	培养自主性	坚定的意志	探索得到鼓励，有自我满足感	自我怀疑，不敢探索，纠结
3	主动性时期	3~6岁	发展主动性	方向和目标	整合内心需要与外界要求，责任感萌芽	感觉自己不够好，做的事不对，行动迟疑不决
4	勤奋感时期	6~12岁	勤奋	能力	克服困难，有中长期目标并胜任	感到自卑，没有控制感
5	自我同一性时期	12~18岁	自我认同	诚实	逐步清晰"我是谁""我想成为谁"	不能确定生命中适当的角色，游荡、散漫、混乱
6	亲密感时期	18~25岁	亲密－孤独	爱	人格独立、边界清晰，建立亲密关系	对建立亲密关系感到恐惧
7	繁殖时期	25~60岁	繁衍－停滞	关心	对生命延续有渴望、有责任	不关心他人与社会，找不到生活的意义
8	晚年时期	60岁以后	体验完善感或空虚绝望感	智慧	感到生命中的成就	对生命中失去的机会感到悔恨

　　人格发展八阶段理论是一种广泛应用于心理学领域的理论框架，旨在解释个体随着年龄的增长而经历的不同发展阶段。这一理论对人们了解个体发展的动态过程，以及不同阶段的心理需求和面临的挑战具有重要意义。

　　首先，该理论强调了个体发展的连续性和阶段性特征。埃里克森认为，不同年龄段的个体需要面对特定的心理任务和发展需求。这有助于我们理解人在发展过程中的持续性变化和相互关联。

　　其次，该理论提醒人们，个体的心理需求和面临的挑战是与其发展阶段紧密相关的。在不同的阶段，个体需要解决不同的心理任务，如建立安全感、培养自主性、发展主动性和勤奋等。这一理论框架能够帮助家长、教育者和心理健康从业人员更好地理解个体的需要，并为他们提供相应的理论支持和指导。

　　最后，该理论强调了个体在发展过程中遇到的身份危机。埃里克森指出，个体在青春期和成年期会经历寻找身份和确定自我角色的过程。这一观点有助于我们理解个体在不同阶段中的认同感和自我意识的发展。

　　尽管人格发展八阶段理论为我们提供了重要的理论框架，但它也受到了一些批评，有一定的局限性。首先，该理论过度简化了个体发展的复杂性，没有考虑到个体之间的差异和文化背景的影响；其次，有些人认为，该理论在解释性别差异和多元文化背景方面存在不足；最后，一些研究人员认为，该理论仍有待进一步的科学验证和探讨。

虽然存在一些局限，但该理论仍然被广泛应用于教育、咨询和临床实践，为个体的发展提供了有益的指导。

我在上大学时接触该理论之后，便理解了自己的过去，知道了自己未来要成为什么样的人，明白了人生中的各个阶段是怎样一环扣一环地互相影响的。相信家长在认真了解后，会在自我成长以及养育孩子方面有所收获。

第一阶段：安全感时期（0~1.5岁）

一岁半之前的孩子可能连话都不太会说，但就是这一年半的时间，会形成影响他一生的安全感。

在这个阶段，如果照料者照料得当的话，孩子就会发展出对世界信任、对生活充满希望的品质，从而顺利发展出安全感；反之，则会发展为不信任世界的状态。发展顺利者的特征是，信任他人、有安全感，善于从环境中获得支持。而发展不顺利者，会对他人和环境感到莫名的担忧和害怕。

在这个阶段，大多数家长能满足孩子的身体需求，让孩子吃饱穿暖，但为什么还是有很多孩子安全感不足呢？因为很多家长虽然照顾好了孩子的身体，却忽略了这一阶段的**孩子其实也有强烈的心理需求**。

重要的是，在面对孩子的时候，家长的心态和心情是怎样的，肢体语言以及表情又是怎样的。家长是否会经常对孩子笑或做可爱的鬼脸？孩子笑了，家长是否也会跟着笑？家长能否在情绪上给孩子及时的回应和支持？

如果在孩子一岁半之前，家长能够给他这样的回应和支持，并且在生活上也将孩子照顾得非常好，那么孩子就会成为比较有安全感的人。在这个阶段，家长要尽可能多地去回应孩子、呵护孩子、满足孩子，去温和地对待孩子，这将直接为他一生的安全感奠定基础。

对孩子来说，妈妈是他重要的依赖对象之一，所以与妈妈分离对他来说是一种创伤。孩子在一岁半之前，每天与重要依赖者共同度过的时光，会为其建立安全感打下坚实基础。如果孩子在这一阶段获得充足的安全感，他就能更轻松地过渡到下一个阶段，并充满力量。

第二阶段：自主性时期（1.5~3岁）

在这个阶段，孩子开始愿意尝试新事物，表现出独立性和自主性。家长的主要任务是培养孩子的自主意识和规则意识。如果该阶段发展顺利，孩子将具备自信、探索精神和责任感；而若发展不顺利，孩子则会感到自卑和困惑。

在自主性发展阶段，家长的正确做法是鼓励孩子自主和独立，但要为其提供适当的支持和指导，让他们有机会掌握基本的技能和规则。这里大家容易犯的错是用大人的眼光评判事物的优劣，而不让孩子参与和决策。比如，因为怕脏而不让孩子玩泥巴；怕孩子自己吃饭把饭弄得到处都是，而不让孩子自己吃饭；怕危险而阻止孩子做家务……殊不知，这些都是孩子体验生命乐趣、获得自信的重要机会。

对这个阶段的孩子的养育，我有以下几条建议。

第一，为孩子提供选择的机会。让孩子拥有选择的权利，让他们在限定范围内做决策。例如，让孩子可以选择穿哪件上衣，或者决定某种游戏的玩法。

第二，鼓励孩子尝试新事物和解决问题。鼓励孩子去尝试新事物，并给予肯定。当孩子遇到问题时，家长应引导他们通过思考找到解决问题的方法，而不是立即帮他们解决问题。

第三，培养孩子的自主意识。让孩子参与家庭日常事务，如自己整理玩具、给自己倒水、穿衣服等。通过这些活动，孩子可以感受到自己的能力和自主性，这个过程要先慢后快，家长千万别怕麻烦。

第四，尊重孩子的意见和决策。尽可能尊重孩子的意见和想法，这样可以帮助他们建立自信和独立思考的能力。

在这里也要讲一下常见的错误做法，这些做法会阻碍孩子自主性的发展。

一是过度干涉孩子的活动和决策，不给他们足够的空间和自主权。这样做会导致孩子缺乏培养决策能力的机会。

二是过度保护。过度保护孩子，因担心失败而不让他们面对挑战。这样会使孩子失去尝试新事物的勇气和动力。

三是忽视孩子的意见和决策。对孩子的意见和决策没有给予应有的重视和尊重，会导致孩子对自己的决策能力产生怀疑。

四是缺乏指导和规则。没有给孩子明确的指导和规则设定，导致他们缺乏清晰的界限和引导而抱有不确定感。

家长应该尽量避免这些错误做法，并根据孩子的年龄和发展阶段，给他们适当的支持和引导，帮助他们建立自主意识和独立决策的能力。同时，家长还要给孩子足够的鼓励和肯定，让他们在自主性发展阶段建立自信和积极的态度。

第三阶段：主动性时期（3~6岁）

在上一阶段，孩子的核心动力是好奇心，他们天然地对许多事物感兴趣，总想自己去体验；而在3~6岁的阶段，孩子将进一步理解并接受外界的规则，比如吃饭前要洗手、对待他人要友好、玩完玩具要归位等，这些事情并非由天然的好奇心驱动，有些时候甚至很无聊，但在该阶段发展较顺利的孩子会知道，虽然这些事情没那么有趣，但还是值得做的，因为他们已经能够理解做这些事的意义。发展得不顺利的孩子则会因为已感知到外界的规则但不愿去遵守而时常碰壁，从而更容易自卑、缺乏掌控感。

在这个阶段，家长应该做到以下几点。

一是意义先行。在培养孩子的某项能力之前，先让他理解做这件事的意义，比如为了培养孩子养成饭前洗手的习惯，可以通过让孩子看一些图画书、短视频等，清楚不洗手和细菌滋生之间的关系。

二是协商行动方案。孩子在 1 岁半时就已经有了自主意识，3 岁后自主意识更强烈，理解了事情的意义，就会想行动，因为人都有追求认知和行为协调一致的趋势。所以，相比于家长直接要求孩子必须怎样做某些事，先让孩子理解做事的意义，再让孩子自己制定行动路径，效果会更好。比如饭前洗手这件事，若孩子理解了做这件事的意义，家长就可以直接和孩子商议具体该怎么做，共同查阅"七步洗手法"等素材，让孩子参与规则的制定。

三是让过程变得有趣。孩子理解规则需要一个过程，他们有时会忘记规则，有时会嫌规则麻烦，但只要家长的认知基础够坚实（在做好第一步的基础上），并且在和孩子共同协商的前提下制定了方案，那么即使孩子的行为有反复，情况也比较容易处理。这个年龄段的孩子相信"泛灵论"，即他们相信所有物品都是有知觉的，家长可以和孩子玩"小精灵""大魔王"之类的角色扮演游戏，这样能使孩子更容易理解规则。

四是不要贪多。孩子需要被引导的行为有很多，有些调皮的孩子需要更多的指引，但是切记不要期待孩子一下子就改变，建议家长每天规定的需要孩子遵守的新规矩不要超过 3 个。

前面提到的饭前洗手是非常小的事，有些家长会直接把孩子拎到洗手台前强制孩子洗。但这样一来，孩子饭前洗手的主动性会降低，内心规则的建设就会停滞，对这个阶段的孩子，家长要有耐心、有方法。

在埃里克森划分的 8 个阶段中，6 岁前的阶段就有 3 个，可见童年时期受到的养育对一个人的人格发展有多么重要。

在精神分析里，有句话叫"6 岁之后无新事"，虽然有点夸张，但也可以让大家从另一个角度理解为什么人生的早期这么重要。

人是关系的产物，客体关系理论认为，人的所有的心理问题都源于关系出了问题。一个人 6 岁前就开始经历从一元关系到三元关系的发展了。

一元关系（0~6 个月）。一元关系指的是个体活在自己的世界里，"我就是世界，世界就是我"，他希望别人全都配合他的意志，只有他说了算。这也是为什么当几个月大的宝宝的愿望得不到及时满足时，他会格外生气，因为他意识不到还有其他意志的存在。

二元关系（6个月~3岁）。二元关系指的是个体与依恋对象之间的关系，这个依恋对象通常是妈妈或其他主要照顾者。在二元关系中，孩子的注意力和情感需求主要集中在与妈妈（或其他主要照顾者）的互动上。

在这个阶段，孩子开始逐渐理解自己与外界的关系，认识到自己和主要照顾者（通常是母亲）是不同的个体，开始形成对外界的信任。该阶段对应的人格发展，从最初的一元关系（只关注自己）到逐渐意识到二元关系（意识到自己和主要照顾者的存在），并开始建立对外界的信任。

在这个阶段发展顺利的孩子，有自己的感受和意志，也能共情对方的感受，尊重对方的意志。哪怕偶尔被妈妈拒绝了，或者没有被妈妈照顾得特别周到，孩子内心的踏实感也不会受太大的影响，因为他知道这个世界不仅存在自己的意志。

而在该阶段发展得不顺利的孩子，就会比较执拗于"必须听我的"，而这往往是在上一阶段没有形成足够的安全感所致。

三元关系（3~6岁）。三元关系指的是个体与父母之间的关系。对大多数人来说，爸爸是人生中的第一个"外人"。在这个阶段，孩子能意识到关系的复杂之处，在复杂的关系中，他能同时看到"我""你""他"三个人的感受和意志，并尊重这个复杂的三元关系中的竞争与合作。

个体在经历了自闭期、体验过深刻的依恋、体验过关系中的竞争与合作后，会逐步掌握应对更复杂世界的能力和意愿，由此可以进入社会，在更广阔的世界中探索和成长。

现实中，很多人总是很"宅"，尤其是明明很想走出去却走不出去的人，追溯起来，往往都有上述三种关系建立期出现某种缺失的问题。

第四阶段：勤奋感时期（6~12岁）

从自主（好奇心驱动）到主动（被认可驱动），再到具备勤奋的品质，是一种升级。勤奋的人能够较长期坚持做相对困难的事。

在这个阶段，孩子开始表现出兴趣和特长，并通过坚持不懈的努力获得成就感。在该阶段发展顺利的孩子，将具备自尊、积极主动、有探索精神的特点，而发展不顺利的孩子则可能会自卑，缺乏自我价值感。

在这个阶段，最好让孩子坚持某项运动，因为运动可以提升孩子的能力，使他更自信。家长还应该在孩子坚持的过程中给孩子积极的反馈。

第五阶段：自我同一性时期（12~18岁）

我第一次接触这一理论是在上大学时，那时的我刚满18岁，正好处在探索自我同一性的时期。我对这个阶段颇有感悟。

我刚上中学时学习成绩很出色，但后来因为增加了物理科目，成绩骤降，我开始怀疑自己的能力，认为自己成了差等生，这对我来说是一个很大的打击。我曾面临几个选择：继续努力学习、彻底放弃学习，或者尝试成为职业作者。这些选择，无论是在日常生活还是在价值观上都有很大的不同，这也让我进入一种混乱的状态。我也尝试过不同的探索，最终还是看清了自己应该继续努力学习。而做出这种选择，与其说是靠自己的智慧，不如说是被大环境推动的。

很多孩子在这个阶段，也就是青春期时期，或多或少都会出现角色混乱的问题，会慌张地探索。家长一定要帮孩子**找到一个能让孩子成为主角的舞台**，让他们在自己擅长或热爱的领域中获得成就感和自信。我的经历告诉我，逐步找到自己感兴趣和擅长的领域，可以帮助我们更好地理解自我，建立自我认同。

幸运的是，我在大学时选择了非常喜爱的专业——心理学，我在这个领域适应得格外好，也很兴奋，这帮助我逐渐走出了自我同一性混乱的状态，建立了较强的自我认同感。一个人在形成自我同一性的过程中，诚实，特别是对自己诚实，是非常重要的。

第六阶段：亲密感时期（18~25 岁）

埃里克森认为，该阶段大约在 25 岁左右结束，不过我的感知是大概要到 30 岁。一个人要发展出好的亲密关系，往往需要具备两个特点：一是知道自己是谁并悦纳自己；二是有充足的能量且愿意滋养他人。

拥有清晰的自我认同感是建立健康的亲密关系的基础，只有当两个人的人格都相对独立和完善时，两个人才能培养出长期稳定且彼此滋养的高质量关系。若在这个阶段发展顺利，个体将发展出爱的能力，能够在亲密关系中扮演积极角色。

前文讲过，一个阶段的问题会在下一个阶段继续产生影响。

在成长的过程中，如果一个人基本的安全感、自主感等需求未被满足，那么他在成年后可能变得越来越被动、缺乏动力。即使如此，我们也需要认识到，只要有意识地去调整和努力，很多问题都可以得到解决或缓解。

通过探索自我同一性和亲密关系，我们能够更好地理解个人成长过程中的不同需求和挑战，同时这么做也能为我们自己的生活方向和人际关系的建立提供重要的指导，帮助我们成为更完整、更幸福的个体。

第七阶段：繁殖时期（25~60岁）

提到繁殖时期，一般来说，人们会想到生育和养育孩子，这确实是该阶段的一部分。此外，如果我们一直都很投入、努力地生活，那么必然会积累许多人生经验和职业经验。这时，我们很可能希望将这些经验传递给新一代。比如带徒弟，或者想通过写书、拍短视频等方式把自己的经验智慧分享给更多的人等。在帮助别人的过程中，我们能得到价值感和满足感，这一传递过程也反映了我们对生命延续的关注和责任感。

如果在人生的前几个阶段发展得不太顺利，并未积累太多的智慧或经验，那么人们便容易退回自己的小世界，对生活缺乏意义感。很多人都在这一阶段出现类似问题，对延续自己的基因或传递自己的专业技能没有太多热情和期望。

第八阶段：晚年时期（60岁以后）

人们到了晚年时期，即60岁以后，可能会对自己的生命有深刻的反思。在这个阶段，人的核心品质是智慧，即通过现象看本质的能力，面临的心理任务是体验完善感或空虚绝望感。在该阶段发展顺利的人，会收获生命的成就感，内心变得平静。

很多取得了重大成就的人在晚年仍然活跃，充满活力。这提醒我们，无论现阶段如何，我们都应该**努力活出一个充实且有意义的人生**，以便在晚年回望过往时，没有遗憾。对于未来的方向和可能的改变，我们应该怀有包容的心态，不断地学习和成长。

第三节
做有边界感的家长

> 边界模糊时，人们好像更自由了，却也无故生出许多不安。因为在有边界时，人们大体知道，边界内是安全的，他们可以在一定范围内尽情探索。
>
> ——题记

在辅导青少年家长的过程中，我发现有两种极端情况频繁出现：过度严厉和过度放纵。我本以为大多数家庭都对四种教养类型耳熟能详，后来才发现很多人都不太了解。这个概念其实非常重要。

孩子是我们的孩子，更是社会的孩子，家长需要在尊重他作为一个生命体的基础上，让他慢慢内化外界的规则。教育孩子是一门艺术，教育方法可以分为以下这几个层次。

1. 最底层：完全不管。

2. 中下层：强制孩子服从规则。

3. 中层：让孩子在愉悦的体验中接受规则。

4. 顶层：让孩子在不知不觉中领悟规则。

下面从家长对孩子的要求和对孩子的需求的回应程度入手，按养育风格将家长分为四种类型（见图3-3）。

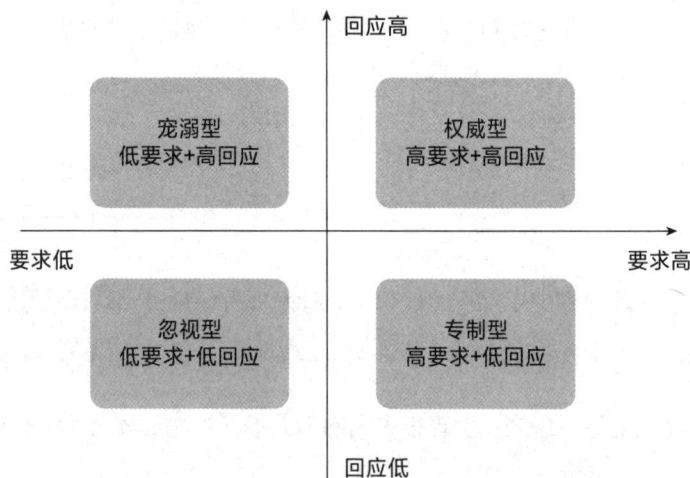

图 3-3　四种类型的家长及其养育风格

一是权威型家长，他们对孩子有一定的要求，并且能够回应孩子的需求。他们能和孩子建立积极的互动和沟通。这种类型的家长可以帮助孩子树立自主性和自信心，这也是我最推荐的类型。

二是专制型家长，他们对孩子的要求很高，但对孩子的需求回应度很低。他们往往不给孩子自主权，喜欢控制孩子的一切。这样的家长会让孩子觉得无力和压抑。

三是忽视型家长，他们是回应和要求都很低的一种类型。他们没有时间或能力回应孩子的需求，导致孩子常感到被忽视。

四是宠溺型家长，他们对孩子的需求回应很高，但对孩子的要求很低。他们经常为孩子解决问题，不给孩子自主处理事务的机会。这样的家长容易让孩子变得依赖性强，缺乏自主能力。

在这四种类型中，权威型家长是最理想的，他们能够给予孩子适当的要求和回应。其他类型的家长可能因养育中有不当行为而使孩子面临不同的问题和挑战。因此，家长需要意识到自己的养育风格，并努力改善和调整，以便更好地滋养和引导孩子。

第四节
让孩子绽放自我

> 世界因不同而美好。
>
> ——题记

气质类型的分类及特点

每个孩子都有天生的成长密码，希望大家能够看到孩子的个体差异性。每个孩子都有其先天优势，也有其先天就不太擅长做的事情，我们根据孩子喜欢关注的事物类型和孩子的情绪稳定性，把孩子分为孔雀型、老虎型、猫头鹰型和考拉型四种气质类型（见图3-4）。

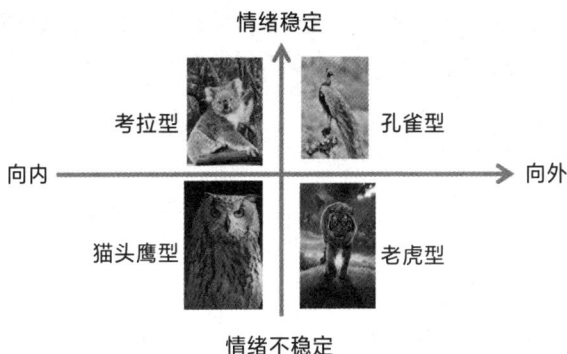

图 3-4　气质类型

气质类型只有差异，没有高低优劣之分。比如特别擅长销售的人和特别擅长做研究的人，都会成为各自领域的优秀人才。但如果让他们调换一下位置，他们彼此都会很难受。让程序员去做销售员，程序员会觉得和陌生人打交道对自己是很大的消耗，工作也难以有所突破；而如果让性格活泼、喜欢和人打交道的人安安静静地做研究，这个人也会如坐针毡。

家长可以先判断一下自己的孩子属于什么气质类型。不同气质类型的孩子有不同的优势和劣势，下面将详细说明。

第一种，孔雀型。孔雀型的孩子喜欢表达自己，他们的关键词是"影响力"，他们的优势是表达能力和社交能力，因为他们更关注外界，更容易看到别人的需要，喜欢彰显自己的魅力，希望被别人关注。他们乐观、开朗、精力旺盛，他们主要是通过与外界交流获得能量。

但是孔雀型的孩子也有劣势，比如，专注力差。外面的世界丰富多彩，他们的注意力很容易转移。他们很在乎自己在别人眼里的形象，虚荣心较强。

这种孩子平时喜欢和人互动、交流，兴趣广泛，而且说话时一般会配合肢体语言。

孔雀型的孩子喜欢接触漂亮的东西，带他们去博物馆、美术馆，让他们沉浸在艺术中，或者给他们买漂亮的衣服，都能让他们很好地放松。

第二种，老虎型。 老虎型的孩子也比较关注外界，容易被新鲜的事物吸引。他们有一定的冲劲，行动力强，目标感强，对自己要求高，喜欢张罗事，喜欢施加影响力。

但是，老虎型的孩子情绪不稳定，容易急躁。他们对自己有较高的期望，非常在意别人对自己的评价。这类孩子的家长需要注意，要在充分尊重孩子的前提下安抚他的情绪，帮助他们形成自控力。他们对批评的反应比较大，不要轻易否定他们的想法，多询问他们的意见，多给他们一些独立空间。

老虎型的孩子喜欢运动量大的项目，家长可以带他们去踢球、打球、爬山、远足等。家长需要帮助他们养成坚持的习惯，培养他们的自主性，并帮助他们找到控制感，帮助他们找到适合他们的生命节奏。

第三种，猫头鹰型。猫头鹰型的孩子喜欢向内关注，喜欢守在自己的世界里，但他们的情绪不太稳定。他们对自己要求高，他们认真仔细，责任心强，善于分析。但是他们会猜忌、不信任别人，对别人的评价也比较在意，不太容易与人沟通。

这类孩子喜欢独处，享受自己被尊重的空间，可以多带他们去看书、看纪录片、做智力游戏等，帮助他们建立起自己的数据库。

第四种，考拉型。考拉型的孩子也比较关注内在，喜欢安静，情绪较稳定。他们听话，也很在意别人对他们的看法。然而，这种类型的孩子有时会缺乏主见，容易迎合他人。考拉型的孩子在团队中往往扮演调和者的角色。他们的优势是善良、温和、有耐心、追求双赢、擅长沟通。同时，他们又容易过于在意他人的反应，不太懂得拒绝，缺乏自己的立场和原则。

考拉型的孩子喜欢接触漂亮的东西，喜欢柔和美满的氛围。

可以带他们尝试艺术创作、写作、画画。他们也很享受与家人一起做一些缓慢的、不那么激烈的活动，比如一起经营一个家庭菜园或做手工，这些活动都能帮助他们放松并恢复活力。

在教养考拉型孩子时，家长需要给予他们更多的耐心，待他们准备好后再去尝试新事物。如果家长急躁，对孩子的表现要求过多，孩子就可能因压力过大而叛逆。我们需要帮助他们建立自主意识，给予他们尊重和支持。让他们知道，他们自己的感受非常重要，可以得到支持，这样他们就会更加勇敢地表达自己。

每个孩子都有自己独特的天赋和优势，父母要善于发掘和培养，为孩子创造一个良好的成长环境，让他们茁壮成长。

多元智能理论

除了气质类型，家长还可以从多元智能理论的角度观察和理解孩子。霍华德·加德纳（Howard Gardner）于 1983 年在其著作《智能的结构：多元智能理论》（*Frames of Mind: The Theory of Multiple Intelligences*）中提出了"多元智能理论"，这一理论显著扩展了人们对智力的理解。传统的智力观通常聚焦于人的逻辑能力和语言能力，但加德纳认为，人类智力应当包括多种不同的能力，每种能力在不同的个体中以不同的方式体现。根据他的理论，人类拥有八种独立但互相交织的智能，这些智能代表了人们不同的认知和感知方式。

[1] 言语智能和逻辑智能

言语智能和逻辑智能是多元智能的两个重要方面。言语智能涉及语言的运用、表达和理解能力，逻辑智能则涉及思考、逻辑推理和问题解决能力。有些孩子在这两个方面表现得非常出色，擅长语言表达、辩论和逻辑思维。对这样的孩子，家长应该给予认可和支持，鼓励他们在语言和思维方面进一步发展。

[2] 音乐智能和运动智能

音乐智能涉及对音乐的理解、表演和创作能力，运动智能则涉及身体协调、运动技能和空间感知能力。一些孩子在音乐和运动方面天赋异禀，他们能够轻松地掌握演奏乐器的技巧、舞蹈动作或运动技能。对于这些孩子，家长应该提供丰富的学习音乐和运动机会，让他们充分发展和展示自己的才能。

[3] 艺术智能和自然智能

艺术智能涉及对视觉、色彩和形式的理解和创造能力，自然智能则涉及对自然环境和生物的敏感性和理解力。有些孩子在这两个领域表现出色，他们喜欢绘画、雕塑、花园种植，或者对自然科学有浓厚的兴趣。家长应该给予这些孩子更多的机会，让他们能够在艺术和自然领域展示自己的才能。

[4] 内省智能和空间智能

内省智能涉及对内心感受和情绪的理解及表达能力，空间智能则涉及对空间关系和方向感的敏锐度。有些孩子在内省和空间方面表现得特别突出，他们能够通过绘画、写作或独处来思考和表达。家长应该给予他们足够的个人空间和时间，让他们能够充分探索和理解自己的内心世界。

人有八大智能，但是学校考试涉及的更多是言语智能和逻辑智能。如果一个孩子刚好在这两方面发育得慢了一点儿，家长又没有看到他的其他优势，不是很可惜吗？

内省智能和空间智能，在 K12 的教育中极少涉及。我就是内省智能很强但是逻辑智能发展较晚的人，所以我在上大学之前，学习成绩并不突出。好在我本科学的是心理学，内省智能强的人在该领域极有优势。现在看来，如果我的家长能早一点儿了解这些，在我学物理遇到困难时可以告诉我"没关系，物理学得慢不代表你是笨孩子，你有自己的优势，人生很长，你一定也会有属于自己的闪闪发光的时刻"，那该多好啊。

每个孩子都有自己的气质类型，也有自己的高智能发展领域，了解这些可以帮助家长更好地引导和教育孩子。不同类型的孩子有着不同的优势和挑战，家长可以根据孩子的特点帮助他们发挥优势，更好地应对挑战。了解气质类型和多元智能还能够帮助家长更好地与孩子沟通，为孩子提供适合他们学习和成长的环境。

第四章

让情绪力弯道超车

第一节
逆商培养的四个维度

"人类的一切智慧都包含在这两个词里了——等待和希望。"

——题记

挫折商的概念

什么是挫折商呢？挫折商，也就是我们常说的逆商（Adversity Quotient，AQ），是指一个人应对挫折的能力。在现实生活中，每个人都会遇到各种挫折与困难，如何有效应对这些挫折，恢复甚至成长，就是对个人挫折商的考验。

挫折商的四大维度

接下来我们探讨挫折商的四大维度——感受控制（Control）、归因风格（Attribution）、社会支持的延伸性（Reach），以及应对问题的耐力（Endurance）。这四个维度共同作用，构成了一个人完整的挫折商。

[1] 感受控制

这涉及我们如何看待自己在生活中的控制能力。感觉自己有控制力的人，即使遇到挫折，也会相信自己能够改变状况。他们拥有较好的心态，能积极寻找解决问题的办法。教育家和心理学家都会建议我们，在亲子沟通时要尊重孩子的独立性，给他们更多的选择权，这样有助于孩子形成强烈的控制感。

提到控制感，我想再告诉大家一个概念——内聚性自我。

"内聚性自我"是指一个人有没有较为稳定和积极的自我概念。

好的内聚性自我，会让孩子感觉：我是好的、我是有能力的、我是有价值的。它能够帮助人面对挫折，不轻易放弃。如果一个人从小就建立了良好的内聚性自我，他在遭遇打击和挫折时会有更强的心理韧性。

如果一个孩子经常被打压、批评或指导，他就很难产生稳定的、结实的内聚性自我，在面对挫折时，他就容易退缩。

面对一件有挑战的事，不同的人会有不同的感觉。有的人感受到的是胜任感，而有些人感受到的则是无助感。

胜任感，是做这件事之前，相信自己大概率能够做成；无助感则刚好相反，还没做，就觉得自己大概率做不成。

控制感可以通过小事来培养。正如古罗马哲学家塞涅卡所说，"命运的风暴总是能被勇气的帆船驾驭。"

从孩子小时候起，家长应该就让孩子养成制订并实施计划的习惯。例如，可以让孩子规划他们的周末或假期活动，并鼓励他们在遇到障碍时自己寻找解决方案。

无论是胜任感还是无助感，都只是一种感觉，很主观。但是家长一般都希望孩子能带着胜任感面对挑战，而让孩子产生胜任感的核心在于家长要减少干预、增加辅佐，特别是以无声的方式对孩子进行辅佐。

[2] 归因风格

遇到问题时，你是习惯归因还是归罪？

归因是找到原因，解决它，指的是个体解释自己或他人行为原因的过程。简单来说，它是事情发生时，我们归结原因的过程。归因可以分为内部归因和外部归因。内部归因是指个体将事件的原因归结为自身因素（如自己的能力、态度）；而外部归因则是将事件的原因归结为外界因素（如他人的行为、环境条件）。

归罪是找到敌人，消灭它，是一种倾向指责他人或外界因素，而非积极寻找解决方法的态度或行为。归罪通常伴随负面情绪，如怒气或挫败感，并可能导致人际关系紧张，阻碍个人成长和问题的有效解决。

在日常生活及教育的过程中，理解两者的不同对于培养孩子的正向心态和提升其挫折商而言极为重要。

关于归因，家长应该鼓励孩子进行正向的、有建设性的归因。例如，面对失败时，不要简单归咎于"我不够聪明"（负面的内部归因），而应该引导孩子思考"我这次没做好，可能是因为我没有准备充分"（可以改进的内部归因）。这样有利于孩子认识到，通过努力和调整策略，他们自己有能力改变事情的结果。

关于归罪，家长需要教导孩子避免在遇到困难时立即将责任推卸给外界，而是学习承担责任，并从失败中寻找成长的机会。这样不仅有助于培养他们解决问题的能力，还能增强他们在面对挑战时的心理韧性。

家长可以通过讲故事、情景模拟或讨论历史人物的生平事迹等方法，将这些原则运用到教育中，让孩子了解不同的归因方式以及它们对个人成长的影响。例如，"托马斯·爱迪生将上千次的失败视为成功的必经之路。他说'我没有失败，我只是找到了一千种行不通的方式。'"家长可以像这样，通过展示爱迪生的积极归因，激励孩子积极勇敢地面对失败。

同时，家长还要引导孩子反思，帮助他们认识到在挫折面前进行正向归因的重要性，以及避免无益的归罪所带来的长期利益。

家长在与孩子一起分析失败的案例（包括个人经历或历史人物的事迹）时，要强调从错误中学习的重要性，并引导孩子将其视作成长的机会。

以此为基础，家长可以逐步帮助孩子建立起健康的心理机制，无论是面对成功还是挫败，都能以一种建设性和积极的态度去看待，提升孩子的挫折商。

健康人格或理想的归因模式表现为擅长内归因，且有比较高的内聚性自我。这样的人在总结自己的不足时，自我价值不会受到太大损伤。

[3] 延伸性

延伸性指的是个人在面对困难时，是否会将具体的负面情绪泛化到整个生活中。挫折商低的人容易将一次失败扩大化，从而影响到生活的其他方面。

比如，有的人一旦某件事没做好，就不再尝试任何事，因为他内心产生了"我不好，我不行"的感受，并且这种感受已经蔓延，他做任何事都会产生这种感受，所以干脆不去尝试了。

家长需要帮助孩子学习如何将挫败感限定在特定事件中，不让其扩散到生活的其他方面。

简单地说，就是让孩子养成就事论事的习惯和意识，让他明白，他某件事没做好仅仅是这件事没做好，不意味着其他事也做不好，更不意味着他自己是个无能的人。

[4] 耐力

耐力较强的人会认为逆境是暂时的，即使面对挫败，他们也相信未来充满希望。教育家通常会鼓励孩子参与体育活动，以提高其忍耐力和挫折商。心理学家则可能推荐有意识的思维训练，让孩子通过正面积极的自我暗示提升对未来的信心。

说起锻炼耐力，我特别推荐体育运动。**耐力不是靠智力培养的，而是靠体力**。定期给孩子安排体育活动和困难的学习任务，可以让孩子体验经过努力取得成绩的成就感，同时锻炼他们的耐力和韧性。

第二节
探索孩子的价值观

什么是价值观

价值观，简而言之，是指人们认为的生活的重要信念和原则。它是我们做决策的基础，影响我们如何看待世界、如何与他人交往以及追求怎样的生活。与目标不同，价值观不是具体的、可以达成的里程碑，而是深深植根于我们内心的信念，它指引着我们每一天的选择和行为。

价值观和目标的区别

价值观与目标的区别是显著的。目标是我们希望实现的具体成就，它们可以是短期的或长期的，而价值观是驱动我们实现这些目标的内在信念。例如，某人的价值观是"帮助他人"，他的目标可能是成为志愿者或从事社会工作。因此，我们可以通过努力达成目标，但价值观则更多地定义了我们达成目标的方式和理由。

以按时完成作业为例，不同价值观的孩子会为自己设定不同的目标，从而表现出不同的行为。

[1] 责任感价值观

目标：准确、及时地完成每项作业。

表现：如期开始做作业，规划每项任务的完成时间，确保按时完成每项任务。

内心活动：有强烈的责任和使命感，认为完成作业是对老师和自己的承诺。内心深处会有"我必须做到这些，这是我的责任"的信念，为自己能够履行承诺而满足、自豪。

[2] 成就导向价值观

目标：不仅按时完成作业，而且力争在班级中表现突出。

表现：提前完成作业然后复习，确保对作业理解深刻，甚至为自己安排额外的学习任务以超出预期地达成目标。

内心活动：渴望成功和被认可，想象获得好成绩和被老师表扬的情景，这种预期的喜悦和满足感驱使他们继续前进。

[3] 自由追求价值观

目标：以最快的方式完成作业，以拥有更多的个人时间。

表现：可能会速战速决地完成作业，有时甚至草率应付。

内心活动：内心渴望自由和休闲时间，认为只要快点儿完成作业，就能做自己喜欢做的事情了。做作业时，他们会焦虑和不耐烦，期待能早点写完作业。

[4] 社交价值观

目标：与朋友一起完成作业，增进友谊。

表现：倾向于组建学习小组，或通过网络与同学讨论作业问题。

内心活动：社会互动的需求得到满足，可能会想"真享受与朋友们一起共同完成任务的时光"。他们更重视过程中的互动而不是完成作业本身。

[5] 知识求真价值观

目标：深入理解作业中的每一道题和背后的原理。

表现：在某些问题上会花费很多时间，渴望对所学知识有深入理解而不仅仅是为了完成任务。

内心活动：对知识和学习非常好奇，内心充满"我为什么要这么做？这背后的原理是什么？"之类的问题，认为通过作业学到新知识很有成就感和满足感。

通过不同价值观的孩子在做作业时的表现可以看出，孩子为自己设定的目标与其行为和内心活动密切相关。理解孩子的价值观不仅能帮助家长更好地支持他们，还有助于家长教会孩子们如何自我调节、设定适合自己的目标。

为什么深入了解和探索孩子的价值观至关重要？ 因为价值观在孩子的成长和发展中扮演着核心角色，它不仅影响孩子的自我认知，还影响他们的社会适应能力和决策能力。在这个不断变化的世界中，强大的价值观系统可以为孩子提供指导和支持，帮助他们面对挑战和逆境。

如图 4-1 所示，价值观决定想法，想法决定计划，计划决定行动。

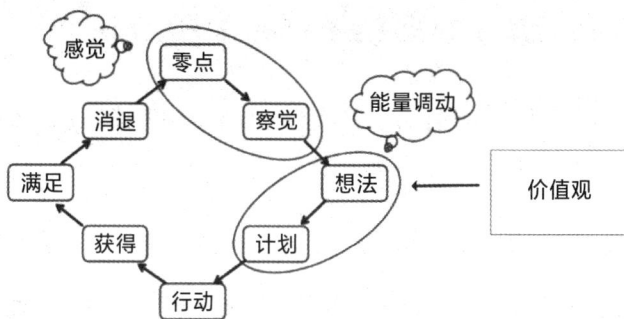

图 4-1　价值观的影响

人的能量每天都在产生也每天都在消耗，**我们一定要有投注能量的对象才会感到舒服，这个对象可以是值得依恋的人，也可以是滋养自己的事**。如果能量投注的对象是持久存在的，我们就会产生幸福感和成就感。

而是否能够拥有持续的、自己喜爱的能量投注对象，取决于价值观。

从心理学的角度来看，马斯洛需求层次理论强调了满足基本需求对自我实现的重要性，这同样也适用于对孩子的价值观的培养。孩子只有当自己的基本需求被满足后，他们才能开始探索更抽象的概念，如价值观。这也意味着，家长的养育责任，是为孩子创造一个支持型环境，满足孩子的基本需求，从而为他们价值观的发展提供良好的环境。

怎样夯实孩子已有的价值观

我们经常说要养育自信的孩子，那么如何才能培养孩子的自信呢？

前文也提到过，人格发展八阶段理论认为，孩子的自主性在1岁半左右就觉醒了。这个时候的孩子想尝试许多事，因此大多时候他们会拒绝他人的帮忙。可是对成年人来讲，孩子此时的自主做事往往意味着麻烦，如自己吃饭吃得浑身都是，自己洗手绢洗得满地是水，不管不顾地要玩妈妈的化妆品……所以，大人往往会制止孩子，有些家长还会严厉制止。

但是要知道，生命的力量源于"被看见"。那么被看见的是什么呢？是孩子独特的需求和意志。如果孩子的需求多数时候是被允许的，即使被拒绝也是被温柔地拒绝，那么孩子就感受到自己的意志是可以发展的，自己的感受是重要的，就会发展自己的生命能量。

然后，孩子便可以在发展自己生命能量的过程中，获得体验、经验和智慧，形成自信。

在夸奖（反馈）中培养孩子正确的价值观

相比"夸奖"，我更愿意用"反馈"这个词，因为"夸奖"往往带有上位者对下位者的意味，反馈则相对平等，这是一个非常隐性的逻辑细节。而在养育过程中，往往就是"失之毫厘，谬以千里"。

如果希望孩子拥有坚定的自信，建议家长在养育的过程中用平等的姿态夸奖孩子。

很多人在夸奖孩子时常犯两个错误。一是使用太多泛泛之词，如"你真聪明""你真是太棒了"。这样的夸奖缺乏具体性，孩子很难从中获得真正的成长动力。

二是频繁夸奖孩子的天赋而非他们的努力过程。这可能导致孩子在遇到困难时轻易放弃，因为他们认为成功应该是轻松获得的，取决于自己先天的能力。

那么，孩子需要怎样的夸奖呢？我为此写了一个模板，见表4-1。正确夸奖的关键在于具体且侧重于努力。当孩子完成一项任务时，与其说"你真棒"，不如说"我看到了你为了解决这个难题投入了很多努力，很棒"。这种夸奖不仅指出了孩子的努力，还传达了这样一种信息：你的努力被看见了，应该被赞赏。

表 4-1　夸奖孩子的模板

夸奖孩子的建议结构	示例
亲爱的××： 　我看见（表达感受）…… 　你做了（具体事件）…… 　这种品质就叫做××（品质强化） 　这让我感到（表达感受）…… 　　　　　　　　爱你的××	亲爱的茸茸： 　我看见你一回家就主动做作业，哪怕弟弟妹妹很吵，你也依然专心致志。 　这种品质就叫作自律。 　这让我感到非常骄傲和欣慰。 　我相信，带着这样的品质，你一定可以抵达更高的地方。 　　　　　　　永远爱你的妈妈

　　此外，夸奖必须是真诚的。孩子对成年人的夸奖很敏感，他们能感觉到夸奖是否真诚。因此，找到值得夸奖的具体内容并真诚地表达它，是非常重要的。

　　我在这里分享几条关于夸奖孩子的建议。

　　强调过程而非结果。鼓励孩子享受学习和探索的过程，而不是只关注结果。即使最终结果并不理想，也要夸奖他们的尝试和进步。

　　使用描述性语言。例如，可以把"你画得真好"换成"我喜欢你在画中使用的颜色，你是如何想到这样配色的"等，这样的描述可以表现出家长对孩子的画观察得很仔细，还鼓励了孩子分享他们的思考过程。

引导孩子做自我评价。若家长想引导孩子自我评价，可以问他们："你对自己完成的这项任务感到满意吗？这项任务有什么地方是你特别自豪的吗？"这样做可以帮助孩子建立自我认知和自信。

围绕价值观设定目标

对于完成同样的目标，不同的孩子会受到不同价值观的驱动。无论是成就驱动、避害驱动、享乐驱动、求知驱动，还是社交驱动，都没有错，重要的是家长如何将它们作用到孩子的行动上，使行为更有效。

[1] 目标设定的 SMART 原则

每个人在生活中都不可避免地设定各种目标，无论是生活的小目标，还是职业发展的大目标，有效的目标设定会指引我们朝着正确的方向前进，最大程度地发挥我们的潜力。我想和大家分享一种被广泛认可的目标设定法则——SMART 原则。

第一，**目标必须是具体的（Specific）**。这意味着你需要明确你要达成什么目标，目标不应该是模糊的或一般性的。

如果不设立具体的目标，比如只是说"我要做得更好"，没有明确的行动方向和焦点，你就很难知道从何下手，也难以衡量进步的程度。

第二，**目标必须是可以衡量的**（Measurable）。一个有效的目标应该是可以量化的，这意味着你应该可以追踪事情的进度并确定何时达成目标。

如果目标不可衡量，如"我要更加健康"，没有具体的量化标准，你就无法判断自己是否接近或达成了目标。

第三，**目标必须是可以达成的**（Attainable）。设定的目标应该是符合实际的，也就是说，在当前的条件和资源下，目标是可以达成的。

如果目标不切实际，例如，一个刚开始运动的人为自己设定的目标是在一个月内完成马拉松比赛，这个就过于雄心勃勃，他反而可能因目标难以实现而产生挫败感，最终放弃比赛。

第四，**目标必须与其他目标有一定的相关性**（Relevant）。设定的目标需要与你的其他目标、价值观和长期计划相符合，这样不仅能确保目标切乎实际，而且还能对你的整体目标做出贡献。

如果各个目标不相关，例如，一个专注于艺术创作的人设定了与金融投资相关的目标，这样的目标不但不会让他充满激情，反而会分散他的精力和资源。

第五，**目标必须具有明确的截止期限（Time-bound）**。有效的目标应该有明确的完成时间。设定一个截止期限可以增加紧迫感，促使我们采取行动。

如果目标没有明确的截止期限，例如"有一天我要学会弹钢琴"，则可能使人产生拖延心态，导致目标永远不能达成。

正确设定目标是成功的第一步。通过运用 SMART 原则，我们能够设定出既富有挑战又符合实际的目标，为实现自己的梦想打下坚实的基础。希望大家在今后的日子里都能设立有效目标，向着自己的目标勇敢前进，实现自我超越。

[2] 接纳承诺法

有目标非常好，难的是如何执行计划、执行好计划、坚持执行计划。毕竟有难度的目标更容易让人产生惰性。为了更好地完成目标，我非常推荐在设立目标后，采用接纳承诺法，即个体接纳自己现在是不足的，自己有可能产生惰性，并承诺为了克服自己的惰性，愿意做一些努力。

表 4-2 是目标设定的示例，供大家参考。

表 4-2　目标设定示例

模板	示例
我近期的目标是 ×× （明确的目标），为了达到这个目标，我决定……（落实到具体行动），为了保证我能够执行计划，我愿意践行……（预防惰性），如果在这个过程中受到阻力，我会对自己说……（夯实价值观）。	我近期的目标是<u>在教育孩子时，保持温和的情绪</u>（明确的目标），为了达到这个目标，我决定<u>无论发生什么，都不对孩子大吼大叫</u>（落实到具体行动），为了保证我能够执行这一计划，我愿意践行<u>对孩子发一次脾气，就给老公发 100 元红包</u>（预防惰性）的方式，在这个过程中如果受到阻力，我会对自己说：<u>孩子的健康成长离不开家长的好情绪，我的坏情绪也许会为孩子的发展埋下后患</u>（夯实价值观）。

如何拓展新的价值观

[1] 父母的影响

父母什么样的价值观会极深地影响孩子？每个人都有一些优秀的价值观，同时也有一些可能限制自我发展的价值观。

24 项美德量表是由心理学家克里斯托弗·彼得森（Christopher

Peterson）和马丁·塞利格曼（Martin Seligman）在积极心理学领域的研究中开发的一种工具，用于评估个体的美德和优点。表4-3是通过24项美德量表整理出来的24项美德，我们可以看看自己具备哪些美德，以及哪些是我们比较认同的，我们可以在心理和行为上多强化它们，这样就能更深刻地影响孩子。

表4-3　24项美德

智慧与知识	勇气	仁爱	正义	节制	精神卓越
1.好奇心、对世界的兴趣 2.喜爱学习 3.判断力、判断思维、思想开放 4.创造性的实用智慧 5.社会智慧、个人智慧、情商 6.洞察力	7.勇敢与勇气 8.毅力、勤劳、勤勉 9.正直、真诚、诚实	10.仁慈与慷慨 11.爱与被爱	12.公民精神、责任、团队精神、忠诚 13.公平与公正 14.领导力	15.自我控制力 16.谨慎、小心	17.对美和卓越的欣赏 18.感恩 19.希望、乐观、展望未来 20.精神信仰、灵性目标感、信仰 21.谦逊 22.幽默 23.热忱、热情、热衷 24.宽容

特别建议父母一定要觉察自己，看看自己情绪强烈时，在秉持哪些价值观。

[2] 多体验

读万卷书，行万里路。

为什么要这样？为了让生命更加饱满，家长需要帮助孩子从体验出发，经历得够多够精彩，在得失中看清自己，在丰盛中享受生命。

所以，家长要和孩子一起，多去体验不同的环境和不同的生命状态，慢慢拓展内心的广度。

此外，家长也可以带着孩子一起看好的文学作品和纪录片，这也是拓展价值观的很好的方式。

第三节
提升孩子的专注力

> 专注几乎是新生儿的天然本能，如不受负面信息
> 影响，即可拥有专注力。
>
> ——题记

排除生理因素的负面影响

许多家长都对提升孩子的专注力这一点非常重视并愿意投入资源。实际上，提升专注力的核心逻辑很简单。

要提升孩子的专注力，首先要排除生理因素的负面影响。

例如，觉察孩子是否患有注意力缺陷多动症（ADHD）。ADHD 指的是孩子缺乏与真实世界的互动，与同龄人相处的机会

较少，过多地沉浸在虚拟世界中。这会导致正处于生长发育阶段的孩子注意力缺陷的病症更加明显。

我之所以强调排除生理因素，是因为如果孩子有神经系统紊乱的问题，要求他们保持专注会非常困难。这并不是凭借精神力量或外部技巧就能解决的问题。

例如，一些患有 ADHD 的孩子发病时严重了会抽搐，而一些孩子则可能仅表现为阅读写作困难、专注力不佳。因此，首先要排除这些生理因素对孩子的影响。

专注力的心理基础

很多家长都忽略了影响孩子专注力的心理基础。现在，我们先思考一个问题：孩子保持专注的条件是什么？当他不专注时，他在寻找什么？有些孩子非常敏感，很在意外界的评价，外界稍有风吹草动，他就会变得躁动不安，容易妒忌别人，难以听从指令。

其实，孩子是否专注，与他能否感受到自己的珍贵、可爱和被爱都有很大关系。很多时候，孩子不安定，是因为他没有感受到自己被爱。即使父母并没有明确表示讨厌孩子，但若经常嫌弃孩子行动慢或表现不够好，孩子也会觉得自己并不珍贵，就想证明自己很好，但是由于没有坚固的基础，他会变得很焦虑。

所以，父母需要给孩子无条件的接纳和爱，让他们的内心不再慌张，不再急于证明自己。当一个人的内心住进了爱自己的人时，他会更加安定，更容易感受到自己被爱，也更容易变得专注。

孩子天生充满好奇心，本来就具备保持专注的能力。但是这种能力往往会被破坏。一开始可能是家长做出的一些具体的事打断了孩子的注意力，比如在孩子专注玩耍时，询问他是否需要喝水，或要求他保持姿势端正，告诉他脏东西不能碰等。孩子的专注力还和父母对孩子的态度有关，孩子能敏锐地感受到大人的情绪并受到影响。

家长可以每天观察自己是否向孩子传递了爱的信号。比如，在孩子小的时候，可以每天抱一抱他、亲一亲他；在孩子长大一点后，可以通过肢体语言给予鼓励，比如微笑、肯定，或者言语上的欣赏等。每天至少给孩子三个爱的信号，这样孩子的内心会慢慢安定下来，觉得自己是配获得爱的。这是专注力的一个重要基础。

另外，家长需要觉察自己的精神面貌，如果自己不安定、焦虑，他就很容易成为一个高压的家长。在与孩子互动时，家长若带着负面情绪，就很容易引发踢猫效应^①。所以，对家长来说，觉察自己的状态，调整自己的情绪是很重要的。

在与孩子互动时，若家长遵循以下五个原则，则孩子的专注力会有显著提高。

第一，保持平和的情绪。最好用适宜的语言与孩子沟通，让孩子感觉这件事情不会给他带来太大的压力。

第二，给予孩子正能量的引领。避免评头论足、抱怨等，不向孩子传递负面情绪。

第三，有具体方向。指导孩子该如何做事。

第四，共同创造。在孩子意志薄弱，需要关怀的时候，或者在孩子面对困难时，一定要顺着孩子的心意完成一些事情，满足他的需求。

第五，身心同步。家长不仅要注意和孩子进行言语上的沟通，还要观察孩子的身体语言和自己的心灵语言。

---

① 指因对弱于自己或等级低于自己的对象发泄不满情绪而产生的连锁反应。

总之，专注力的心理基础是让孩子感到自己很珍贵，感受到父母对自己无条件的接纳和爱。家长需要觉察自己的状态，保持情绪的稳定和安定，避免将自己的不如意情绪转嫁给孩子。另外，孩子的内心需要住进高远闪亮的自己，家长可以帮助他们建设理想的模型，帮助他们激活梦想和目标。

提升孩子专注力的小技巧

在提升孩子专注力的过程中，家长需要关注孩子做事的事前、过程中和事后三个阶段。

[1] 事前

这是提升专注力的重要阶段。激活神经系统会使孩子更容易专注。那么，从事哪些事情有助于激活神经系统呢？

让孩子开心的活动。可以让孩子跳一会儿欢快、简单的舞蹈，这样的舞蹈可以让孩子的身体活跃起来，增加多巴胺的分泌，使孩子心情更愉悦，从而提高孩子的专注力。玩一些简单的游戏也可以激活孩子的神经系统，增加他的兴奋感。

运动。运动有助于激活神经系统。可以让孩子尝试跳绳、蹦床或跑步，这些活动可以提高心率、促进血液流动，使孩子的身体和大脑充满能量，提高专注力。

反应力类活动。一些需要敏捷反应力的活动也能激活孩子的神经系统。例如，舒尔特方格游戏、"拍拿放"活动。它们都需要游戏者快速做出反应，从而让大脑保持活跃和敏捷，提高专注力。

进行这些能够激活神经系统的活动，有助于提高孩子的专注力。在完成一项任务之前，花一些时间做让自己开心的事，可以使孩子的身体和大脑都处于活跃状态，为保持专注力做好准备。

[2] 过程中

在孩子做事的过程中，家长可以采取一些策略提升孩子的专注力。以下是几个重要的策略。

合理预期。在孩子做事的过程中，家长应避免给自己或孩子设置过高的预期。因为过高的期望往往会给孩子增加压力，影响其专注力。家长应该接受并接纳孩子当前的状态，不过分要求孩子快速完成任务或取得完美的结果。重要的是让孩子能专注于当前的任务，不被过高的预期所拖累。

关注投入时长。与其关注任务的质量和执行速度，不如关注投入任务的时长。这意味着在孩子做事的过程中，家长应该帮孩子设定一个时间段，让他们在这一段时间内保持专心致志的状态，而不担心完成任务的质量或执行速度。家长可以帮孩子将完成任务的时间切分为小的时间单元，让孩子在时间单元内全神贯注。例如，以10分钟为一个单元，只关注孩子在这段时间内的专注力的表现，不评判任务结果的好坏。这种只关注投入时长的方法可以帮助孩子提升专注力，逐渐提高做事的效率。

正向反馈。在孩子做事的过程中，家长能积极提供反馈是非常重要的。家长可以采用一些正向的反馈机制帮助孩子增强专注力。例如，在孩子保持一段时间的专注后，家长可以奖励孩子，或者组织一些有趣的活动来增强他们的积极性。通过提供及时、简短的反馈，如给予言语上的赞美或有个简单的击掌动作，来肯定孩子的专注力。这样的反馈机制有助于孩子拥有积极正面的做事态度，提高他们的专注力。

当然，每个人的情况不同，家长可以根据自己或孩子的需求来选择适合的策略。总之，在孩子做事的过程中，合理预期、关注投入时长法和正向反馈都是提升孩子专注力的有效策略。通过这些策略，家长可以让孩子收获更好的专注力，并取得更好的成果。

[3] 事后

前文讨论了在做事前和做事过程中提升专注力的技巧。现在，我们再来看看在做完事情后，可以采取哪些措施来进一步提升孩子的专注力。

刻度尺原则。刻度尺原则是指事后对自己的表现进行量化。家长可以和孩子一起回顾孩子完成一件事花费的时间和所达到的效果，并与孩子之前的表现进行对比。这一方法可以帮助孩子看到自己的进步以及改善的方向。

正向原则。在孩子把事情完成后，家长应给予孩子正向的反馈。无论孩子表现如何，都要肯定他的努力。家长可以夸奖孩子在专注力方面的进步，并向孩子传达积极的信息。正向反馈会增强孩子保持专注力的积极性，并鼓励他更加努力。

复盘。复盘是指在事情完成后回顾和反思自己的表现。家长可以和孩子一起回顾做事过程中遇到的困难和挑战，引导孩子汲取经验教训，并从中学习。复盘的目的是让孩子了解自己在专注力方面的强项和改进空间。家长可以记录孩子在做事过程中遇到的问题，并尝试和孩子一起找出解决问题的方法。持续的复盘和反思有助于孩子不断提升专注力。

别贪多。家长要学会避免贪多。家长往往希望自己或孩子一次性完成多个任务或项目，但贪多会使孩子分散注意力。家长应该要求孩子专注于一项重要的任务，确保投入足够的时间和精力。专注于更少的任务，不仅可以提高任务的完成质量，也可以提高办事效率。

总之，帮助孩子提升专注力，需要关注事前、过程中和事后三个阶段。孩子可以通过激活神经系统、保持愉悦的情绪，以及进行合理的预期和投入，来提高专注力。

第四节
品格培养的黄金窗口期

孩子依恋的第一个人是母亲

现在市面上很多关于养育男孩和女孩的书，都会强调男孩要坚毅勇敢，女孩要独立温柔，但是女孩就不需要勇敢坚毅，男孩就不需要独立温柔吗？

要明确男孩和女孩成长的真正区别，一定要抓住底层逻辑，即男孩、女孩和父母情感的发展路径变化。

从孩子诞生的那一刻起，母亲就成了孩子最亲密的陪伴者。正如英国著名心理学家温尼科特所说："从来没有婴儿这回事，当你看到婴儿时，一定会同时看到照顾他的母亲。"无论是男孩还是女孩，母亲都是他们最初的安全感来源。母亲的温暖怀抱、轻柔声音、细心照料，都让孩子感受到了世界的美好与关爱。在婴儿时期，无论是换尿布还是哄睡，母亲的角色都无可替代。孩子通过与母亲的亲密接触，建立起了对他人的信任和依赖。婴儿对母亲的这种依恋是本能的，也是孩子情感发展的基石。

依恋类型理论

依恋类型理论由美国心理学家玛丽·爱因斯沃斯（Mary Ainsworth）在 1969 年提出，她通过陌生情景实验，研究了婴儿的分离焦虑和陌生焦虑，她将依恋关系分为安全型、焦虑矛盾型和回避型三种。

实验的主要内容是在有陌生人的陌生环境中，通过观察母亲在在场、离开、返回三种情况下，婴儿的探索行为、分离焦虑反应和依恋行为等，进而总结出亲子依恋关系的类型。

安全型依恋的婴儿与母亲在一起时，能安逸地玩弄玩具，对陌生人的反应比较积极，并不总是依偎在母亲身旁。母亲离开时，婴儿的探索性行为会受到影响，明显表现出苦恼。母亲重新回来时，他们会立即寻求与母亲接触，平静下来后再继续做游戏。这种依恋类型的儿童占比为 65%~70%。

焦虑矛盾型依恋的婴儿，在母亲离开之前就很警惕，母亲离开后，则表现出极度的反抗；但是与母亲在一起时，他们又无法把母亲作为安全的探究基地，他们见母亲回来，会寻求与母亲接触，但同时又反抗与母亲接触。这类儿童占比为 10%~15%。

母亲在场或不在场，对回避型依恋的婴儿影响不大。母亲离开时，他们并无特别紧张或焦虑的表现；母亲回来后，他们往往也不理会，虽然有时也会欢迎母亲的归来，但只是暂时的。这类儿童约占 20%。

不同依恋类型的孩子对应的情绪情感、发展出的优势和劣势如下。

[1] 安全型依恋

情绪情感：这类儿童通常会感到安全和自信，会积极探索周围的环境，尝试新的事物和活动；能够独立玩耍，不需要一直依赖主要照顾者的陪伴；能够在陌生环境中保持平静，不会过度紧张或害怕；能够清晰地表达自己的需求和情感，与主要照顾者沟通良好；能够接受主要照顾者的离开，并在其回来时表现出适度的喜悦；能够在主要照顾者的陪伴下安心入睡，不会频繁醒来或哭闹。

优势：安全型依恋的孩子更容易建立积极的人际关系，他们在面对挑战时更有信心和勇气，情绪调节能力也相对更强。

劣势：可能会过于依赖他人的认可和支持，在面对需要独立完成和对自主性需求较强的任务时可能感到困难。

[2] 焦虑矛盾型依恋

情绪情感：这类孩子情绪敏感，容易患得患失、缺乏安全感。长大后，在亲密关系中，他们常常表现"恋爱脑"，渴望与伴侣产生强烈的情感联结，否则会感到异常孤独，甚至感觉被抛弃。

优势：他们往往具有较强的情感表达能力和人际交往能力，能够与他人建立深厚的情感联系。

劣势：可能过度依赖他人的情感支持，在面对分离和挫折时容易出现情绪问题，如焦虑、抑郁等。

[3] 回避型依恋

情绪情感：回避型依恋的孩子表面上看起来冷漠、疏离，内心深处却可能隐藏着恐惧和不安。他们会避免与他人建立亲密关系，以防受到伤害。

优势：他们通常具有较强的独立性和自主性，能够在一定程度上保护自己免受情感伤害。

劣势：可能会在人际交往中遇到困难，难以与他人建立深入的情感联系，在面对压力和挫折时也可能缺乏有效的应对方式。

需要注意的是，每个孩子都是独特的，他们的依恋类型也会受到多种因素的影响，如家庭环境、养育方式、气质特点等。因此，以上内容仅供参考，不能作为判断孩子依恋类型的唯一标准。

3 岁，开始意识到爸爸是个重要角色

孩子成长到 3 岁左右，他们的世界开始逐渐扩大，爸爸的角色也变得更加重要。在此之前，孩子世界里的重要人物只有自己

和妈妈（或其他主要照顾者），3岁之后，孩子的世界里才开始逐渐出现第三个重要的人。因为这个人的出现，孩子和妈妈（或其他主要照顾者）的关系紧密程度会降低，孩子也因此有更大的空间发展出独立的能力。

正如弗洛伊德所言："在孩提时期，我不能想象还有什么需要比父亲的保护更强烈。"这个阶段的孩子开始意识到，家庭中除了妈妈的温柔呵护，还有爸爸的力量和规则。

对于女孩来说，爸爸是她们接触的第一个异性形象，爸爸的行为举止、关爱方式会影响她们对异性的认知和期待。而对于男孩来说，爸爸是他们模仿和学习的榜样，爸爸的勇敢、果断、担当等品质，会潜移默化地影响他们的性格养成。

第五节
培养男孩的情绪力

健康男孩的发展路径

男孩在成长过程中，每个阶段都有独特的心理特征和发展
需求。

0~3岁：依恋妈妈，并且是安全型依恋

上一节，我们讲到了基于孩子和照料者的关系将依恋类型分
为安全型、焦虑矛盾型、回避型三种。安全型依恋会让孩子的成
长走上一条相对健康和理想的路径，这是孩子一生安全感的基石，
也是他能够相信自己，对世界充满好奇和信任的第一驱动力。

3~6 岁：敌对爸爸，但是爸爸妈妈相爱，并且爸爸也爱儿子

步入 3~6 岁，男孩会对爸爸产生竞争和敌对的情感。不过在一个健康的家庭中，尽管儿子对爸爸有敌对心理，但爸爸妈妈之间的深厚爱意以及爸爸对儿子明确的关爱，能够化解这种敌对心理。

男孩能认同爸爸，是其心理上的一次重要蜕变，也是从小宝宝长成小男孩的重要里程碑。

但是，现实中也容易出现以下几种情况：

1. 妈妈和爸爸情感疏离，但是和儿子感情深厚。

儿子容易成为妈妈的替代伴侣，这是一种错位关系，程度不一。这种情况会给孩子带来额外的创伤。

2. 爸爸不够爱儿子。

不论是爸爸对儿子的关爱不够，还是当儿子表现出对爸爸的敌意时爸爸无法接纳和化解，都会让男孩对男性角色产生负面情绪，很多时候还会发展为权威恐惧，或者对自己的性别认同度不足。

要化解并升华孩子这种敌对情绪，两个条件缺一不可：一是妈妈也认同爸爸，和他相爱；二是爸爸也爱儿子，完全能够包容并理解他的这份敌意。这可以使孩子学会和自己的冲突相处，也是使孩子更有勇气的重要基石。

6~12 岁：认同爸爸，向爸爸学习

如果上一阶段发展顺利，孩子会从"爸爸抢走了妈妈，我要和爸爸对着干"，变成"爸爸的力量好强大，妈妈也很爱他，我以后要变成像爸爸一样的男人"，从而完成了对父亲的认同。

形成这份认同后，孩子会对爸爸产生信任和崇拜，从而为其人生观和价值观的塑造打下坚实基础。相反，如果孩子不认同父亲，自然也不愿意向父亲学习，日后在处理男性之间的关系上也许并不会太顺利。

12~18 岁：人生彩排期

我们做心理学工作的人都很清楚，养育孩子最重要的阶段是0~6岁，其次是6~12岁。

在孩子12岁之后，家长要做的主要是进一步放手让孩子尝

试和探索，让孩子基于在此之前发展出的核心人格和能力去锻炼自己。随着独立空间越来越多，孩子也要越来越多地靠自己面对问题、处理问题。

在这个阶段，男孩和女孩都一样，都要锻炼自己的独立能力，并在进一步的成长中明确自己到底想成为什么样的人，这也是他们自我同一性混乱的时期。

社会观念对男孩的期待

提起男孩的品格，大家往往会想到坚毅、勇敢、担当等词语，从根源上来说，社会对男孩的期待大体只有两个维度——有能力和有责任，其他优秀品质都是基于这两个维度发展起来的。

有能力

在人类漫长的进化历程中，男性往往被赋予更强的力量和体能，这在一定程度上促使社会更加期待男孩具备出色的能力。

许多人希望自己的孩子能够体现"男儿当自强"的精神，在学业、事业等方面出类拔萃。这种观念深深植根于人们的心中，使得是否有能力成为衡量男孩成功与否的重要标准之一。

从心理学角度分析，展现能力能够为男孩带来自信和自尊。他们在完成具有挑战性的任务、解决复杂的问题后，会获得满足感和成就感。同时，他人对他们能力的认可和赞扬，也会进一步驱动他们追求更高的能力水平。

有责任

从基因进化的角度来看，男性在繁衍后代和保护族群方面承担着重要角色。在原始社会，男性需要确保食物的供应和领地的安全，这种本能逐渐转化为对责任的认知。

个人和社会观念对"修身、齐家、治国、平天下"理念的强调，让男孩被期望成为家庭的顶梁柱，孝顺父母，关爱妻儿；在社会中，要遵守道德规范，为社会的发展和稳定贡献力量。这种文化的传承使得"有责任心"成为男孩成长过程中不可或缺的品质。

从心理学角度来看，责任心会让男孩产生归属感和价值感。意识到自己的行为能对他人和社会产生积极影响，会让他们形成健康的心理状态和稳定的人格特质。同时，承担责任也有助于培养男孩的自律和自控能力，使其更好地应对生活中的各种挑战和诱惑。

养育男孩提前虑及两件要事

事业

事业对男性而言具有重要意义。事业不仅能够为人提供经济支持，还能带来成就感和社会认同。**稳定且成功的事业对男性的个人发展和社会地位有着显著的正面影响**。

所以，在养育男孩时，可以从以下几个方面着手。

第一，培养男孩的责任感。让他明白，对自己所承担的任务和工作，要有始有终，认真负责。可以让他从完成家庭作业、整理自己的房间等小事开始，学习对自己的行为负责，这将为他未来能以认真负责的态度对待事业打下基础。

第二，注重培养男孩的兴趣和特长。鼓励他探索不同领域，找到自己真正热爱的事情。当他对某一领域充满热情时，就更有可能在未来将其发展为自己的事业。例如，发现男孩对绘画有兴趣，就为他提供绘画工具和参加绘画班的机会。

第三，培养男孩解决问题的能力。在他遇到困难和挫折时，引导他自己思考、寻找解决办法，而不是直接替他解决。这能让他在未来的事业发展中有足够的能力应对各种挑战。比如，他在组装玩具遇到困难时，适当提示他，让他独立完成组装过程。

第四，培养男孩的团队合作精神。因为发展事业需要与他人合作才能取得更大的成功。可以通过让他参与集体活动，如足球比赛、小组作业等，学习与他人协作。

第五，教导男孩要有坚持不懈的精神。事业的成功往往不是一蹴而就的，它需要长期的努力和坚持。用一些成功人士历经挫折但最终成功的故事激励他，让他明白坚持的重要性。

第六，引导男孩建立正确的价值观。让他知道，追求事业的成功不是为了金钱和地位，更重要的是为社会做贡献，实现自我价值。

如果希望孩子长大后事业有成，父母有以下三件事不能做。

第一件事：过度包办。有些父母总想为孩子安排好一切，从选择专业到找工作，事无巨细，全部亲自操办。然而，这样会让孩子失去自主决策和解决问题的能力。例如，父母替孩子选择了孩子并不喜欢的专业，孩子在学习的过程中缺乏动力，毕业后也难以在相关领域顺利发展。

根据发展心理学的理论，个体在成长过程中，需要通过自主探索和尝试来发展能力，进而形成自我认同。过度包办会阻碍孩子的这一发展，导致他们缺乏独立应对事务的能力和自信。

第二件事：施加过大压力。有的父母望子成龙心切，给孩子施加过大的压力。例如要求他们必须找到高薪、体面的工作，这会让孩子产生焦虑和恐惧心理，可能让孩子在求职过程中因为害怕达不到父母的期望而紧张过度，影响面试表现。

孩子长期处于高强度的压力下，心理和生理健康都会受到损害，从而影响其正常的认知和行为表现。在一些关键时期，过大的压力可能会使孩子失去冷静和判断力，做出不恰当的选择。

第三件事：盲目攀比。有的家长看到别人家的孩子发展得好，就要求自己的孩子也达到同样的标准，盲目攀比，而不考虑孩子的实际情况和兴趣爱好。

这种比较会损害孩子的自尊和自信心，让他们对自己的能力产生怀疑。而且，每个孩子都是独特的，有着不同的优势和潜力，家长间的盲目攀比会导致忽视孩子自身的特点和发展需求，不利于他们找到真正适合自己的职业发展道路。

总之，为了让孩子在毕业后能够事业顺利，父母要避免以上错误做法，并给予孩子适当的支持和引导，让他们能够自主、自信地面对未来的挑战。

择偶

大智慧往往蕴含在朴素的价值观里。我爸爸教会了我什么是好的择偶观，我觉得很实用，不仅适用于女孩，也适用于男孩。在这里，我想把这一择偶观分享给大家。

第一，要有可以谋生的一技之长。

在现代社会，拥有一项能够谋生的技能对个人的生存和发展至关重要。这意味着有独立生活的能力，能够在经济上自给自足，不依赖他人。一个有一技之长的人，通常也具备较强的学习能力和适应能力，能够应对生活中的各类变化和挑战。

例如，如果对方擅长烹饪，则他不仅可以为家庭带来美味的饮食，还有可能在相关领域创业或就业；如果精通某种语言，可能会获得更多的工作机会和更广阔的发展空间。这种自我保障的能力会为婚姻带来稳定的经济基础，减少因经济问题产生的矛盾和压力。

在经济上独立的人往往更有自信和自尊，能够在婚姻中平等地与伴侣交流和互动。同时，他们也能更好地承担家庭责任，为共同的生活目标努力。

第二，要拿自己当回事。

如何学会爱自己？那就要看对方是否尊重自己、重视自己、关爱自己。如果在恋爱关系中，对方能够认真聆听你的想法和感受，尊重你的选择和决定，那么在未来的婚姻生活中，他也更有可能和你相互支持、相互理解。

比如，当你在工作上遇到挫折时，对方能够给你鼓励和建议，而不是不屑一顾；当你有了新的兴趣爱好或梦想时，对方会全力支持，而不是冷嘲热讽。这种被重视会让你在感情中获得安全感和幸福感，也有利于建立健康、和谐的夫妻关系。

感受到被爱和被重视，能够满足人类内心深处对归属和爱的需求，促进积极的情感体验和心理健康。在婚姻中，相互尊重和关爱是维系感情的重要纽带。

第三，不要太快确立关系。

不要急于确定恋爱关系，而要给自己足够的时间去了解对方。快速确立关系可能会让你忽略一些重要的问题和潜在的矛盾，到婚后才发现彼此并不合适，将为时已晚。

　　我们需要通过一段时间的相处，全面了解对方的性格、价值观、生活习惯、家庭背景，在相处中观察对方如何处理冲突，是否有不良嗜好，对未来的规划是否与自己相符等。只有在充分了解的基础上，我们才能做出明智的决定，判断对方是否适合与自己共度一生。

　　根据社会心理学的研究，人们在初识时往往会展现自己最好的一面，而随着时间的推移，其真实的性格和行为模式才会逐渐显现。因此，慢慢相处、谨慎决定有助于避免冲动带来的婚姻风险。

第六节
培养女孩的情绪力

健康的女孩发展路径

0~3岁：依恋妈妈，安全型依恋

这个阶段的女孩和男孩一样，作为初来乍到的婴儿，最重要的是确认两件事：自己是好的；这个世界欢迎自己。而这两件事都依赖于其主要照顾者的性格和亲子间互动的质量。

3~6岁：爱慕爸爸，嫉妒妈妈

和男孩一样，女孩从3岁起，爸爸从背景一样的甲乙丙丁变成前台的重要人物，不同的是，刚刚理解"王子和公主"故事的小女孩对王子的期待和想象往往会集中在爸爸身上。但与此同时，她也意识到爸爸的伴侣是妈妈，这份对"妈妈有（伴侣），而我没有"的不快，就发展成了嫉妒。这是比直接攻击力更复杂，但伤害性要弱一些的情感。

6~12 岁：爸爸妈妈相爱，妈妈爱女儿，女儿认同妈妈

对于 6~12 岁阶段的女孩的健康发展来说，"爸爸妈妈相爱，妈妈爱女儿，女儿认同妈妈"非常重要。

爸爸妈妈展现出深厚的爱情，会为女孩营造稳定、和谐的家庭氛围。在这样的家庭氛围中，女孩能够感受到爱与被爱的美好，明白健康的亲密关系应该是什么样子，有助于她在未来建立自己的人际关系时，拥有积极的目标和期待。

但是，这个阶段也有很多家庭会出现错位问题或同性父母对孩子的支持度不够的问题。

1. 父母关系疏离

如果父母没有那么相爱，互相或单方面认可不够，或者父女

关系明显好于夫妻关系，就容易造成女儿的角色错位，她会担当一部分父亲伴侣的角色。如果父女关系也疏离，那就容易造成女儿感情的淡漠，使其不善于经营关系，甚至回避关系类事务。

2. 妈妈对女儿没有积极情绪

若妈妈不欣赏、不认可女儿，则女儿会因此对自己的女性魅力不够自信，甚至不认同自己的性别。

妈妈对女儿的爱会直接影响女孩的成长。妈妈的关爱、理解和支持，将让女孩内心充满安全感，有勇气去探索外面的世界。

女孩在这个阶段认同妈妈，意味着她会模仿妈妈的行为、态度和价值观。如果妈妈是一个乐观、坚强、善良且有责任感的人，则女孩就会在潜移默化中受到这些品质的熏陶。

12~18岁：人生彩排期

这一阶段的女孩和男孩相同，可以参照上一节讲"男孩"的内容。

社会观念对女孩的期待

为什么要讲社会期待呢？因为这往往代表没说出口的主流价

值观。我当然支持你用你认为正确的价值观去养育孩子，哪怕那和主流价值观无关，但这也意味着要面对风险和压力。

纵观我们的社会观念，对女性基本品质的期待有两个：包容和顾家，其他品质都是由此衍生出来的次级品质。

包容

包容，包括温柔、细腻、支持他人的品格等，简单来说就是抱持的能力，也可以说，具有抱持能力的女性在人群中很有竞争力。

社会观念通常期待女孩展现出温柔的特质。这意味着女孩的言行举止应该温和、柔顺，避免过于强硬和激进。例如，在与人交流时，女孩应该语气轻柔，态度友善，给人以温暖和舒适的感觉。温柔的女孩被认为更具亲和力，能够营造和谐的人际关系氛围。

细腻，要求女孩对事物有敏锐的观察力和细腻的感受力。她们应能够察觉他人情感的微妙变化，理解他人的需求，并做出恰当的回应。比如，在朋友情绪低落时，能敏锐地捕捉到这种情况并给予贴心的安慰；在处理家庭事务时，能注意到细节，让家庭生活更加有序和温馨。

养育女孩最重要的事

独立

女孩的独立性有多重要，我想大多数家长都有共识。不过在咨询室中，我见了太多受情伤的女性，包括大多数在人生中有巨大创伤很久恢复不过来的女性，而之所以发生这些问题，其核心原因还是她们不够独立。

如果你把人生是否幸福的钥匙交给别人，那你就太被动了。

无论什么时候，一个人只有拥有人格独立的智慧，经济独立的底气，才能让人生更加精彩。

人格独立意味着清楚自己想要什么，尊重自己的感受，游刃有余地处理来自重要关系的挑战，取得双赢或达成平衡。

经济独立其实并没有那么难。拥有过硬的谋生技能固然好，但即便没有，只要具备随时从零开始做起的意识也足够了。之前有个新闻，报道一对剑桥博士后夫妇摆煎饼摊。这件事给我最深的启发是，**人若是有摆煎饼摊的魄力和能力，可能人生就不会太差。能下得了台面，接得了地气，毫无怨言，说干就干，有这样的魄力，一个人就不难绝处逢生。**

培养女儿的独立性，父母可以从以下几个方面入手。

鼓励自主决策。在日常生活中，从小事开始，让女儿自己做决定，比如选择自己喜欢的衣服、图书等，带她去买文具时，让她自己挑选款式和颜色。

提供实践机会。给她安排一些适当的任务，如独自整理房间、帮忙准备简单的饭菜等。

培养解决问题的能力。女儿遇到问题时，引导她自己思考解决方案，而不是直接替她解决。比如她的玩具坏了，家长可以带着她一起探索如何修理。

鼓励社交独立。支持她参与社交活动，让她学会独立处理人际关系。例如允许她自己组织小型的同学聚会。

培养经济意识。适当地给她一些零花钱，让她学会管理和支配财物，了解金钱的价值和用途。

树立榜样。父母自己展现出独立的行为和态度，让女儿在潜移默化中受到影响。

鼓励学习新技能。根据她的兴趣，让她学习一些技能，如绘画、乐器、编程等，提升她的自我能力。

培养阅读习惯。让她通过阅读开拓思维，增强她独立思考的能力。

第七节
成为孩子的"充电器"

> 你发现你的孩子"电量不足"了吗？我们可以成为孩子的充电器，也可能成为孩子最耗电的程序。
>
> ——题记

理论概述

充电器理论是我的原创理论，用来描述生活诸事的能量交换和损耗。

我们每天的生活，无论是脑力活动还是体力行动，都会消耗能量，就像车里的油或手机的电量一样。以手机为例，有些程序很复杂，占用很大内存，对电量的消耗也较大。为了让手机能够正常运行，我们需要及时给手机充电，并辨别手机中哪些程序有益，及时清理内存并删除病毒和垃圾文件。

心灵成长也是如此。我们可以将它类比作手机电池。孩子在成长，每天一醒来就开始"耗电"。但他们也可以通过某些活动为自己"充电"，例如运动、冥想，或在学校建立的良好的人际关系等。

孩子的"理想电量"和"实际电量"

在家中，家长应成为孩子的"充电器"，帮助他们建立自己的"充电系统"，让他们成为一个随身携带"充电宝"的人。家长可以观察孩子的"理想电量"和"实际电量"。"理想电量"是早上醒来时的"电量"为100%，进行了一天的活动后消耗到40%。然后得到爱的滋养后，回到50%。写作业消耗至20%，休息后消耗至10%，准备进入睡眠（见表4-4）。

然而，许多孩子早上醒来时的"实际电量"并不是100%，可能只有80%，这将会影响他们一天的学习和表现。

表 4-4　孩子的"理想电量"和"实际电量"

	理想的剩余"电量"	大多数孩子的"电量"
早上醒来	100%	80%
进行了一天活动后	40%	20%
得到爱的滋养后	50%	10%
写作业	20%	5%
修整准备进入睡眠	10%	0

对"耗电量"大的孩子来说，早上醒来时自己的"电量"已经较低了，在学校中还要继续"耗电"。如若遇到人际关系处理不好、压力过大或自我探索时遇到困难等问题，他们的"电量"将被进一步消耗。作为家长，我们可以帮助他们应对这些挑战，让他们"省电"，甚至"增加电量"。

哪些事可以为孩子"充电"

[1] 让孩子感到自己很美好

（1）高质量的亲密关系。父母与孩子的亲密关系对孩子的成长至关重要。亲密关系建立在彼此尊重、信任和理解上，通过陪伴孩子、与孩子互动，父母可以让孩子感受到自己是被爱和被接纳的。

（2）赞赏孩子的努力和成就。当孩子付出努力并取得成就时，家长要及时给予赞赏和肯定，让他们感到自己的努力得到了认可。这不仅能提升孩子的自信心，还能促使他们更加努力和自律。

（3）让孩子产生被需要的感觉。孩子需要感到自己的存在是有意义的，自己的行为和努力对家庭和社会是有影响的。家长可以让孩子承担一些责任，让他们感受到自己是家庭中不可或缺的一员。

（4）倾听和尊重孩子的意见。家长要给孩子平等交流的机会，倾听他们的想法和意见，尊重他们的独立性和个性发展。这样做不仅能增强孩子的自尊心，还能培养他们的领导能力和解决问题的能力。

家长可以和孩子一起，每天完成下面几件事。

A. 大笑。

B. 赞赏孩子。

C. 让孩子感到被需要。

[2] 让孩子感觉这个世界很有趣

（1）陪伴孩子进行有趣的活动。与孩子一起参与有趣的活动，例如户外游戏、手工制作、阅读故事等，不仅能为孩子提供欢乐和放松的机会，还能激发他们的创造力和好奇心。

（2）以身作则，让孩子看到世界的美好。作为父母，我们应该成为孩子的榜样，向他们展示积极乐观的态度，鼓励孩子探索未知的领域，让他们体验成功和失败，从而不断学习和成长。

（3）探索世界的奥秘。带孩子去探索大自然、艺术和科学的奥秘。例如参观博物馆、动物园、植物园等，培养孩子的好奇心和对知识的渴望。

对拥有"满电量"但学习成绩不佳、效率低下以及缺乏动力的孩子，我们需要引领他们形成积极的世界观，让他们有更高的生命质量和目标。

总之，充电器理论让我们明白了，父母应如何给孩子"充电"，让他们充满活力和成就感，从而更好地应对挑战并追求成功。

第五章

亲子情绪调节工具箱

第一节
制定亲子协议

> 边界是限制，也是安全的屏障。
>
> ——题记

有一个心理学实验，实验内容是把一群儿童放在广阔的大草原上，分为A组和B组，A组没有围栏，而B组的周围围了围栏。

实验者告诉A组的孩子，你们可以随意探索，想去哪儿就去哪儿；告诉B组的孩子，你们必须在围栏内探索。当然这个围栏足够大。最后，实验者发现，B组的孩子探索得更远。

家长给孩子立的规矩，有时候就像围栏，在一定程度上的确限制了孩子的自由，但也向孩子传达了"围栏内怎样活动都可以，这里很安全"的信息。

孩子若感受到安全的边界，就会更加专注地探索事情本身。

"如何立规矩"几乎是每一个家庭都会面临的问题，在学习遵守规则的过程中，孩子会出现情绪波动，或者对某些规则表示不理解，或者明明已经同意遵守规则，却依旧不遵守。作为家长，我们又应该如何确保"亲子协议"得到了有效执行呢？

亲子协议的三大前提

[1] 在没有情绪的时候制定协议

我们先来看看制定亲子协议的前提。这个前提很容易被忽略，但协议是否得到有效执行，80% 取决于该前提，那就是"在没有情绪的时候制定协议"。

比如，你看到孩子在玩手机，非常生气。孩子正玩得开心，如果你在这个时候说"我们现在定一个玩手机的规则吧"，效果往往不太好。

因为这个时候，家长和孩子都处于**被自己的情绪脑严重裹挟的状态**。在情绪脑高度耗能时，理智脑是不思考的，人在这时容易做事冲动，即使是已经约定好的事，也很容易执行不下去。制定亲子协议非常重要，它也许直接决定了家长和孩子以后要如何相处，以什么样的原则互相尊重，和谐共赢地把事情做好。

我有三个孩子。我给孩子制定协议，一般是在他们出现问题行为后至少半天甚至好几天时。因为，首先，我要在制定协议之前想出合理的方案；其次，我要思考，自己能不能站在孩子的角度，了解他为什么会出现问题行为。作为妈妈，对孩子的行为很生气的时候，我会被焦虑左右。但是，教育孩子或和孩子沟通，要使巧劲，不能使蛮劲，越是使蛮劲，孩子的心就离我们越远。所以，制定亲子协议最重要的前提，是在没有情绪的时候制定协议。如果你一想到孩子的问题行为就特别生气，说明你需要处理自己的情绪，而不是急着制定协议。

有情绪的时候，不妨什么都不说，**先按下暂停键**。

[2] 协商共赢

制定亲子协议的第二个前提是协商。

协议绝对不能是单方面的要求。如果想让亲子协议能够长期执行下去，你一定要让孩子认真思考，最终使他认为自己应该遵循这样的要求。

　　亲子协议一定是在家长和孩子共同协商而非敌对状态下制定的。家长和孩子有共同的目标，都希望孩子有明媚的未来。然而，有时家长和孩子的短期目标会发生冲突：家长希望孩子听自己的，能安排好时间；孩子希望该休息时就休息，尽情玩乐。尽管双方的短期目标不一致，但如果双方因此陷入敌对状态，家长日后教育孩子将更加困难。

[3] 仪式感

　　如果和孩子制定亲子协议时有一些仪式感，孩子会更愿意执行协议。比如，我在给孩子制定关于手机的协议时，把孩子约到了咖啡馆。我说："今天把你约出来，请你吃蛋糕，是想和你认真地谈一件事。我已经准备好纸和笔，你说的话我会记下来。之后，我们会用打'√'或'×'的方式，看看要怎样制定关于手机的协议。"

　　孩子很喜欢参与大人的生活，仪式感会让他们更倾向认同协议。而小一点的孩子，则会觉得这种仪式又正式又好玩，感觉自己长大了，可以和家长一起制定协议了。虽然对大一点的孩子，仪式感的效果未必明显，但是，因为此举打破了生活的惯有场景，孩子的态度与被你要求"下回该怎么样"时，是不一样的。

亲子协议的四大要素

[1] 规则明确和量化

首先要强调规则的明确性和量化。所谓明确性，即规则必须清晰可见，而量化则更为关键。量化意味着要用具体的数字体现。例如，"每天要努力学习"，就缺乏明确性和量化。努力学习具体是指学习半小时，还是一小时？量化规则至关重要。它涉及时间的具体数值，例如每天具体要学习多久；还包括任务量的规定，比如在一定时间内需要完成多少任务，或者学习几门课程。总之，明确并量化规则，是制定有效亲子协议的关键之一。

[2] 有奖惩

任何一份协议或合同，比如甲乙公司做生意，都会清楚地说明：双方基于友好协商推进事务，如果有违约，则必须承担相应的责任。对孩子来说，奖励是有吸引力的动机。比如我们家约定，若孩子在一周内完成了特定的任务，就可以任选餐厅或游乐场去庆祝，这充分激发了他们的自主性。

同时，惩罚也是必要的。如果孩子一周内未能完成约定的任务，我就会限制他的某些权利，比如没收手机至少一整天。在我们家，这样的协议并不复杂，但规则必须写得清清楚楚，非常明确。

在我们家，孩子每天必须完成的事情分为三大类：学习、运动和帮助家人。具体做哪些事并不强求，但一定要做。比如做家务，可以是洗衣服，也可以只是换个垃圾袋，这体现了"帮助家人"。

至于学习，我们没有制定太多具体的规则，但会根据孩子的学习目标给出建议。例如，孩子希望在六年级时能用英文向外国人介绍故宫，这个目标驱使他每天至少练习 30 分钟的英语口语。这是量化的任务，他之所以能完成，一方面是他对自己梦想的追求，另一方面也是在避免惩罚。人都是趋利避害的，没人愿意接受惩罚，也没人想破坏自己已经建立起来的形象。

奖励不仅包括精神上的鼓励，也有物质上的，比如完成任务后，一起去享受美食。至于惩罚，如果孩子玩手机超时，或者睡

觉太晚，我将取消他周六或周日的自由时间作为惩罚。我不允许
孩子玩手机，但如果他们周一到周五都遵守规定，那么周六或周
日就可以自由安排时间玩手机。

[3] 别贪多

对于 14 岁及以上的孩子，以及从小到大规则意识不太强的
孩子，在制定亲子协议时，我建议只针对一件事、一个领域设立
规则。比如，孩子每天晚上必须有 30 分钟的学习时间，剩下的
时间不做特别要求。这样做的好处在于，规则简单、容易遵守。

家长制定规则的目的，不是在短时间内勉强孩子成为某种
人，而是要通过这些规则，让他们感受到**胜任感**——我可以完成
这件事。这也是"别贪多"特别重要的原因。任务越简单，孩子
的完成度就越高，就越容易感受到成就感。我们可以根据情况，
循序渐进地增加任务的数量或难度，比如每周增加一点要求。

通过这种方法，家长既不会让孩子有过大的压力，又能逐步
引导他们拥有更好的自我管理能力。这种渐进式的策略可以帮助
孩子在遵守规则和完成任务的过程中，建立起更强的责任感和自
信心。

[4] 及时给予正面反馈

接下来，我想谈谈让亲子关系以及亲子协议流程更加顺畅的关键——给予孩子及时的正面反馈。为什么孩子对电子游戏情有独钟？原因很简单，电子游戏总能给孩子正面反馈。游戏中的语言充满鼓励："你太棒了！""你怎么做得这么好？""再过几步，你就能超过××了。"这些正面反馈非常具体且直接，你不会在游戏中看到"唉，你真丢脸！""你怎么又没超过××？"这样的消极反馈。

作为家长，在孩子做得好的时候，要学会放大这些亮点，给予及时的正面反馈。这并不是降低标准，而是对孩子的理解和鼓励。父母关键是要让孩子感受到，在他们心中，孩子是最优秀的，即使实际表现尚有不足。我们不必过于苛求，不必追究每一个小错误。孩子对自己身份的定义，在很大程度上取决于最早养育他们、给予他们爱和祝福的人。

倒计时机制

在执行亲子协议的过程中，家长千万不能说约定 10 点收手机，就分秒不差地到 10 点就收走，而是要在 9:50 时温和地提醒孩子："还有 10 分钟要收手机了。"这也是在给孩子的大脑一个信号："该减速了。"我一般会做 3 次倒计时，10 分钟一次，5 分钟一次，最后 1 分钟时，我会站在孩子身边，看着他打完最后一局游戏（可能会超时一点儿），然后温和而坚定地把手机收回来。

最后，附上我们家的电子产品使用协议，给大家做参考。

《千宝电子产品使用协议》

1. 周一到周五不玩电子产品。

2. 如果能做到的话，那么，

（1）周六就可以不限时去玩；

（2）作为奖励，前三周可以买巧克力布丁庆祝；

（3）每周可以要求爸爸或妈妈配合自己做一件事，比如给爸爸化妆、让妈妈陪踢球等。

3. 如果没有做到的话，那么，

（1）爸爸妈妈各做 50 个俯卧撑；

（2）千宝做 20 个俯卧撑；

（3）爸爸妈妈有随时没收电子产品的权力。

　　本协议本着和谐友好原则，意在为千宝养成好习惯，双方目标一致，有争议时需心平气和共同寻找解决方案，不可发火。

　　有问题随时协商。

第二节
亲子沟通万能五步法

关系是容器，能承托也会破碎。

——题记

在养育孩子的过程中，家长特别想让孩子听自己的。但是，很多时候，家长和孩子讲话，有一种鸡同鸭讲的感觉，孩子根本听不进去，依然我行我素。这时家长会特别无措，不知道该怎样去和孩子沟通才有效。

万能沟通五步法不仅可以用在孩子身上，还可以用在伴侣身上，甚至可以用在和客户谈判上。你会发现，秉承这一方法沟通时，一切都变得容易了。你更能理解对方，对方也更能理解你。与其说它是"术"层面的方法，不如说它是大道至简。

好的沟通一定建立在双方都能感受到彼此立场的基础上。但理解对方的立场，听起来容易做起来难。下面先来了解几个概念。

与沟通相关的脑科学

在学习沟通方法之前，家长需掌握相关的脑科学知识。

三脑理论

三脑理论中的"三脑"分别指本能脑、情绪脑、理智脑。

本能脑又被称为"原始脑"或"爬行动物脑"，是最古老的脑系统，距今已有两三亿年的历史。它主要负责人的生存本能和基本行为，如控制心跳、呼吸、血压和新陈代谢等生理功能。本能脑有利于人快速做出决策，但容易受到习惯和惰性的影响。为了充分利用本能脑，我们应培养良好的生活习惯，并借助一些方法来克服惰性。

情绪脑又被称为"哺乳脑"，情绪脑主要负责人的情绪和社交互动，关乎社交、互惠和育儿等行为。它渴望被尊重、被爱、被接纳、被信任，所有哺乳动物都拥有情绪脑。情绪脑容易受到情绪的影响，从而影响决策。

理智脑也被称为"视觉脑"或"人类脑"，它控制着认知功能，包括语言理解、学习和记忆、推理和计划等。理智脑主管认知，为人类独有，能够产生语言，可以发展科技、创造艺术等。其特点是逻辑性强、分析能力强，但容易受到思维定式和偏见的影响。为了充分发挥理智脑的优势，人们需要培养批判性思维、学习能力和创新能力。

由于情绪脑的基础作用非常强大，而理智脑的影响相对较弱，因此，当我们遇到挑战或感受到负面情绪时，如感觉不适或被攻击，会倾向于启动情绪反应。比如，与孩子沟通遇到困难时，家长会被激发出负面情绪。这种情绪反应往往导致最原始的反应：战斗、逃跑或僵化。如果家长对孩子表现出敌意，孩子也会感受到敌对情绪，从而进入相同的反应模式，使沟通陷入僵局。

然而，实际上家长与孩子应当建立合作共赢的关系，而非敌对关系。如果家长总是以批评的目光看待孩子，即使没有将批评的话说出来，也会因为每天带着不满或焦虑的情绪面对孩子，从而把孩子推向自己的对立面。而一旦出现对立，首先被激发的是情绪脑，它会导致争吵、回避或冷漠等反应，从而阻碍有效沟通。

因此，家长首先要意识到，若想教育孩子、希望他们健康成长，就要避免在自己出现负面情绪时讨论教育问题，**找到适当的时机去沟通比盲目努力更关键**。选择合适的时机进行教育，比说上千句话更有效。情绪脑和理智脑的关系非常重要，不仅是亲子关系，在所有重要的人际关系中，都是如此。

镜像神经元

听起来是不是很像照镜子一样？实际上，我们的神经系统确实存在镜像神经元。举个例子，当我们看到别人吃柠檬嘴唇紧缩时，几乎能立刻感受到酸涩感，仿佛自己也尝到了柠檬的味道。同样，当我们看到某些令人不舒服的东西时，也会本能地想避开。因为我们的神经元能捕捉到别人的情绪状态，无论是愉悦还是不适，都会让我们有种被感染到的感觉。

教育孩子时，这种现象显得尤为明显。即使家长不说话，对孩子的情绪状态，无论是喜爱、欣赏、感激，还是愤怒、嫌弃、焦虑，孩子也都能感受到。因为神经元之间正是通过这种镜像作用进行信息传递的。

即使是行为极端、犯过重大错误的孩子，内心深处依旧渴望被爱、被认可。他们期待着父母说："我很感激你来到这个世界，来到我们身边，你的存在让我们的生活更加丰富。"这是每一个孩子共有的根本渴望。

因此，对那些面对充满问题的孩子整日焦虑不安的家长们，我建议先停下来，甚至暂时与孩子保持距离，什么都不做，这比满怀焦虑、急于求成地教育孩子效果更好。

孩子的感受力极强，但他们的解读力相对较弱。

在被否定的环境中成长的孩子，很容易感到卑微、无价值，甚至认为自己令人讨厌，他们将不愿意"照镜子"，也不愿意正视自己，会选择逃避。这就解释了为什么镜像神经元的作用在我们生理和心理上如此重要。

万能沟通五步法

万能沟通五步法涵盖了多种不同的沟通技巧和方法，旨在帮助人们在各种情境中进行有效的交流。

第一步：客观描述事实（新闻联播式叙述）

一般来讲，我会建议大家，有情绪的时候，过几小时再去沟通，甚至过一天、几天再去沟通。沟通的时候，要描述清楚事实，这非常重要。

比如，同样一件事，有两种描述方式。

方式1：怎么回事啊你？说脏话。

方式2：妈妈刚才听到你说了脏话。

你觉得哪种表达更客观？第一种明显带有情绪。带了情绪就不利于就事论事，解决问题的效率就会低。

当然，孩子犯错的时候，家长生气也很正常，但要清楚，只要带情绪，就容易节外生枝。

第二步：陈述自己的感受（情绪）

陈述自己的感受是很容易被忽略的。我们要学会通过情绪表达自己的感受。

我感到很难过，我感到很愤怒，我感到很无助，我感到很焦虑……为什么要先表达感受呢？因为感受是一种结果，没有对错，就像人感染了病毒会发烧，发烧是一个结果，病毒才是根源。但如果你能表达"我现在感觉不舒服，我难过"，接下来的沟通就会有温度，而不只是告诉对方，你接下来要做什么。否则会削弱和对方的连接感。没有连接，就像是一台多功能电器，明明能用它来做许多事，但通不上电，就什么用都没有。

第三步：换位思考

家长要学会换位思考，站在孩子的角度思考问题。如果家长不能换位思考，觉得孩子说的话、做的事，不可理喻、不可理解，那么此时千万不要和孩子沟通，因为在这个时候沟通只会加剧孩子的问题。因为家长对孩子有敌意，所以双方都处于冷冰冰的僵立状态。而如果家长能够试着换位思考，虽然孩子做的事让家长感到不舒服，但家长也能理解孩子，能渐渐平息自己的怒气。

家长可以试着用以下几个句子和孩子沟通。

- 说实话，当时那种情况，换作是我，也会像你一样生气（难过、委屈）……

- 我来试着理解你，你当时是不是这样考虑的……

- 我想的也不一定对。

- 如果你愿意告诉我你当时的想法，我将非常愿意聆听。

如果家长是第一次尝试换位思考，可以参考下面这份换位思考的快速方法。把前三步做好，八成的沟通问题都能解决。简单来说，换位思考的关键就两点。

第一，想一想你自己有没有类似的经历。比如看到孩子说脏话，想想自己有没有说过脏话，你被惹怒时，肯定也说过脏话。至此，意味着你和孩子已经近了一大步。有时候，孩子模仿别人说脏话，是因为觉得很酷，这也是孩子在迷茫中的探索。你如果经历过相似的事，就更能理解孩子了。

第二，看孩子的行为是否隐藏着积极的一面。例如孩子抄作业，也许他只是不想因为做不完作业而在老师和同学面前抬不起头。他在乎自己的形象，这是一个向上的动力。

如果你能在换位思考时注意到这两点，那么你和孩子一定会更加亲近。如果你能坦诚地告诉孩子"我在十几岁时还不如你呢，我也犯过类似的错误"，则不仅能让孩子感到被理解，还能满足他们的自尊心，让他们获得更多的自信和理解。

第四步：积极暗示

沟通时，难免有双方立场不一致的情况出现，尤其是在和孩子沟通时。例如，你希望孩子改掉一个缺点，想和孩子聊，但是如果直接就事论事地说"我希望你改掉暴脾气"，孩子可能一时接受不了，还会觉得家长不喜欢自己。

但如果你能在说这件事之前，给孩子一两句积极暗示，比如"我知道你是很有担当、很有力量的人"，让孩子感受到你是爱他的，只是不喜欢他今天的这个行为，他就容易心气平和地接纳和思考你提出的建议。

积极暗示的通用话术有："你是个很有思想的孩子。""你是个很有力量的孩子。""你是个对自己很有要求的孩子。"实际上，每一个人都天生拥有向上的力量。就像每一粒种子都渴望向上发芽，对种子来说，只要土壤、阳光、水分这些条件适宜，它们就会向上生长、向下扎根。人也一样，孩子来到这个世界，若家长对孩子持有尊重的态度，给他们提供关爱和营养，同时又给他们适当的成长空间，孩子自然能够健康成长。

第五步：协商

有了前四步作基础，家长再和孩子协商："对这件事，你觉得我们之后该怎么办比较好呢？"孩子可能会给出自己的建议，那再好不过，家长便可以基于孩子的想法进一步去修改协议。当然孩子也可能不说话，或者说不知道，这时家长就可以说"我建议……"。

注意语气，一定和孩子商量着来，不能强制孩子接受，以强制的态度沟通，效果不持久，也很消耗孩子的心理能量。一开始最好是制定一个相对容易执行的方案，这一点可以参考前文关于"亲子协议"的内容。

根据具体情况，第四步和第五步可以灵活运用，甚至可以视情况而定是否省略。对于那些自尊心较弱，从小到大较少获得肯定的孩子，第四步的积极暗示就尤为重要。家长需要给予孩子足够的肯定和鼓励，帮助他们建立信心，让他们感受到来自家长的认可和支持。然而，对那些过于以自我为中心，习惯了被关注和肯定的孩子，过多的积极暗示反而不利，会让他们过于自信甚至目中无人。这时，家长需要采取更直接和坚定的方式，给予他们更实际和具体的指导或建议，帮助他们脚踏实地地成长，避免过于依赖外界的肯定，从而走得更远。

万能沟通五步法前三步的重要性不容忽视。实际上，如果前三步做得好，可以解决约 80% 的问题。为什么这么说呢？首先，通过客观描述事实，建立了沟通的基础；其次，通过表达自己的感受，让整件事情有了情感的温度；最后，通过换位思考，为沟通开辟了道路。

想象一下，如果你想给孩子一碗热汤，但他连碗和汤勺都没有，则即便他想接受，也会手忙脚乱，不知怎样接受。这前三步，其实是为沟通提供了接收的容器和渠道，使之后的暗示和内容更容易被接受和理解。

万能沟通五步法几乎适用于所有与孩子沟通的场景，无论是在生活习惯的改善、价值观的塑造，还是理解其他的具体协议方面，比如有关手机的使用、花钱等协议，这一方法都很有效。

第三节
情绪抽丝剥茧法

> 影响你情绪的，其实是 5 股合力。来，让我陪你
> 一层层剥开它们。
>
> ——题记

假如你突然发现，周围的气氛不再那么温馨，不妨自我觉察一下，心底一定有多层生态在发挥作用。

相反，如果你的情绪总是很清亮，内心没有那么多繁杂的东西，没有什么让你感觉躁动，那么即使孩子有一些问题，在你这里问题也很容易被化解。

每当有事情引发我们的情绪反应时，无论是不满、愤怒，还

是压抑，我们都应该暂停一下，尝试聆听内心的声音，探寻其背后的真正含义。

ABC 理论

在这里，我先讲一个非常关键的心理学理论——ABC 理论。ABC 理论将人们的心理反应过程分解为三个基本部分：A 代表事件，B 代表看法，C 代表结果。这个理论强调，人们对同一事件的认知不同，会导致不同的情绪和行为结果（见表 5-1）。

表 5-1　ABC 理论示例

A（事件）	B（想法）	C（结果）
孩子玩手机	B1：太不上进了 B2：他可能刚忙完，休息一会儿 B3：这孩子是有什么心事了吗	C1：生气、发火 C2：平和、询问 C3：找时机深入了解

抽丝剥茧法

一般来说，所谓的抽丝剥茧法，是指我们在分析问题或进行心理辅导时，采用的逐层深入的方法。要想更全面地理解和运用抽丝剥茧法，我们需要关注以下五个层次。

第一层：情绪命名

遇到一件事，你会感到愤怒、无助、迷茫、难过、恐惧或悲伤，这就是情绪。我们首先要觉察自己的情绪，并且给它命名。对这一层，大家经常省略，却非常重要。

第二层：对此事的想法

这一层就是上文说的 ABC 理论，我们在看到事实的一刹那，会产生多种想法。

第三层：联想

当下的情绪会受过去事件的影响，比如因为孩子玩手机，你和孩子曾经有过激烈的争吵，或者自己的童年有相关经历，因此，看到孩子又一次不遵守规则时，你往往会把之前的不良体验代入进来。

第四层：身体感受

这是非常容易被忽略的。如果你试着关注自己的身体感受，身体也会因为被你关注而变得不一样。身体往往会更放松，更真诚地接纳你的情绪。

有研究表明，很多疾病和心理因素密切相关，例如头痛往往是思虑过重；胃痛往往是纠结；肩颈痛往往是担当了自己期待之外的压力，等等。

我的咨询室里，有过很多思考力很强但是感受力比较弱的来访者。我会帮助他们通过放松的方式，从关注身体感受开始，一点点地提升他们的感受觉知力，而他们的情绪也会随之变得更容易被他们觉察和控制。

第五层：价值观

价值观是我们的生活信念，小到我该如何吃穿用度，大到如何择业、择偶，全都受到了价值观的影响。

但是，有时候我们也会看不清自己最在意什么，所以可以多问问自己这个问题：**我希望自己是一个什么样的人**。这个问题的答案里藏着你的价值观。

1. 价值观导向的行动

清楚了自己的价值观，如果没有沿着价值观行动，无论是相反方向还是原地停摆，都会产生焦虑。

2. 行动护航

想到就做到，这本身就很难，所以，为了成为最想成为的自己，就要有想法，更要有行动，还要给行动保驾护航——为了养成这个好习惯，我愿意做什么，如果没有做到，我是否愿意惩罚自己。

我家的例子

在我家，我和丈夫希望孩子们 9:30 就洗漱完毕并躺在床上，所以，当孩子们到了晚上 9:40 还没躺下，我的坏情绪就开始上升。下面我们对情绪进行抽丝剥茧。

[1] 情绪命名

我感到焦虑、烦躁、愤怒、委屈。为什么会委屈呢？因为我觉得无助，我害怕被人埋怨，也会自我谴责，但又没有太好的办法，如果我在这个时候对孩子们发火，他们岂不是睡得更晚了？

[2] 对此事的想法

我谴责自己："怎么又没把握好时间？"我埋怨孩子："怎么还磨磨蹭蹭的。"我埋怨丈夫："你不在家时即使孩子们晚睡，我的压力也没有这么大。"

[3] 联想

丈夫以前因为孩子们睡得晚发过脾气。

[4] 身体感受

皱眉、面部绷紧、胸口闷、呼吸局促、说话快。

[5] 价值观

我是个有能力的人，所以理应把这些小事做好；我（应该）是个被丈夫尊重和爱护的人。

就情绪而言，把让你情绪激烈的事，抽丝剥茧5层已经够了，这能让你的情绪缓解大半。如果你还想让自己更有力量，可以尝试下面的两个步骤，但视个人情况而定，不一定立即做完。

[6] 价值观导向的行动

以后，我要在晚上 9 点前完成自己的睡前任务，比如洗漱、收尾工作，保证不因自己的事导致孩子晚睡。用万能沟通五步法和丈夫沟通，让他了解他睡前的做法带给我的压力，向他释放我的情绪，希望情况得到改善。

[7] 可以做些什么来保证行动顺利进行

（1）如果在晚上 9 点前没有完成我该做的事，就自罚 100 元，计入家庭基金。

（2）如果和家人沟通时烦躁、抱怨，情绪消极，每次自罚 100 元，计入家庭基金。

这就是抽丝剥茧法，看起来比较简单，祝大家用得开心。

第四节

快速减压法

情绪压力特别大时，我们可以用哪些方法快速调整自己呢？

我们都知道，每个人对情绪和压力有不同的应对方式。有的人会

选择听音乐，有的人会选择跑步，有的人会向朋友倾诉，也有的

人会选择隐忍。如果选择隐忍，肯定恢复得非常慢。

在本节中，我将介绍三种方法，适用于情绪压力非常大时减

压，比如被伴侣或孩子气到了，被领导骂了，又或者感到莫名的

压力大，长时间睡眠质量低下，偏偏每天又有很多工作需要做，

还要处理家务，孩子还不争气，好像胸口上压了一大堆东西，非

常憋闷。

接下来这三个方法，只从生理层面调节，虽然看起来简单，

但是真的能让你很快恢复平静，可以学习一下。

憋气慢呼吸法

第一个方法是憋气慢呼吸法。操作起来非常简单。你只需深深地吸一口气，然后憋住。这时，你可能会有点难受，但关键就在于此。你需要非常慢地从一数到五，然后慢慢地把气吐出来。

请试着连续做五组。

假设在做这一系列动作之前，某件事情让你非常生气，情绪值达到了 –5 分，那么做完这五组憋气慢呼吸法后，情绪值可能降到 –3 分，甚至 –2 分。在这个过程中，不只是你的情绪得到了调整，在生理上，大脑和激素水平也发生了变化。这时，你不再被情绪控制，可以更加理性地思考问题了。

当你以这样冷静的方式去思考、去尝试与他人沟通时，会发现，说出的话和做出的事效果大不相同。如果由情绪主导行动，在情绪激动时，理智几乎是停止工作的。即便你很有智慧，即便你对某人怀有深情，但那一刻讲出来的话也很容易失去理智。

因此，情绪波动时，不妨尝试一下憋气慢呼吸法。

肌肉放松－绷紧法

第二个方法是肌肉放松－绷紧法。一个人在放松的状态下，会比较智慧、平和。放松的反面是紧张。若你想让自己浑身上下都放松下来，就先要让身体紧张起来。

在咨询室里，对情绪压力特别大的来访者，我经常用这种方法。比如让他们双手紧紧握成拳头，然后双手、双臂向前，用力绷紧，就像举重一样，要用特别大的力气完成。这个时候，人的下腹部和胳膊，都绷得紧紧的。然后，默数 15 个数，如果坚持不住就数 10 个，再放松下来。这时，大多数人会感觉到有一股暖流涌现。

这个方法看起来很简单，却能在激素水平层面，减少让你不开心的物质——五羟色胺的分泌，并慢慢地让你产生多巴胺。如果你长期有运动的习惯，睡眠质量也比较好，那么你分泌多巴胺的水平会比一般人高。遇到压力，多巴胺含量高的人心理韧性更强。

但是，如果你较少运动，睡眠质量也不太好，遇到问题后，至少要知道现在你的情绪脑和理智脑都需要补充能量。

为什么前面提到的憋气慢呼吸法管用？道理也是一样的，我们的横膈膜在充满气体后，肌肉水平处于张开状态。气体释放后，供血循环会发生一些改变。

压力比较大的时候，可以试着把腿和双脚尽力向上抬起。这时，你的小腿会有很强的拉伸感，就像用力踩东西一样。因为四肢的血流量变大，发生改变后，我们生理上会觉得舒服很多。每当孩子或丈夫让我生气时，我便使用这个方法，情绪会很快得到调解。

生理和心理是相辅相成的。我们的生理发生改变，配合我教给大家的心理上的调节方法，打通认知盲区，弄清自己现在遇到的是价值观层面的，还是家庭滋养层面的问题。然后，在生理舒适的前提下，用抽丝剥茧法尝试解决，效果会更好。

数息法

第三个方法是数息法。它仅在短时间内有效，我希望你能够长期坚持运用，将它变成一种习惯。数息法就是数呼吸，并采用腹式呼吸。

关于腹式呼吸，我猜很多人都有一定的了解，在这里，我简

单介绍一下。我们平时吸气会让肚子变扁。但在腹式呼吸时，我
们要将肚子想象成一个气球。吸气时，肚子鼓起来，就好像把气
球吹满，让它膨胀。呼气时，将气体释放。

我在女儿四五岁时教她用这个方法，她睡不着觉的时候，我
就引导她使用这种方法，我称之为"鼻孔时间"。在这个过程中，
只专注自己的呼吸，头脑里浮现的任何想法都先不理会。

为什么要用这种方法？实际上，呼吸可以在很大程度上改变
你的肌肉状态、神经状态，甚至激素水平，当你完全专注于一件
很简单的事情，即呼吸时，你的大脑会逐渐变得平静和清晰。否
则会充满各种念头，包括感受、价值、理解，以及他人对你的看
法等，非常复杂。当你对某件事一时半会儿找不到明确的答案
时，你要做的就是专注自己的呼吸，让自己变得平静。

我们在给中高考的孩子上考前减压课时，也建议他们使用这
个方法，并让他们在考试前一个月开始练习，每天只花 10 分钟。

这个练习的核心，在于完全专注于呼吸，尽量不让任何杂念
干扰自己。刚开始，尽管我们设定了 10 分钟的练习目标，但在
这段时间内，孩子们有高达百分之六七十的时间都在走神。坚持
每天练习，专注的时间会逐渐增长。一段时间后，孩子们都能做

到在 10 分钟内将注意力完全集中在自己的呼吸上。

　　练习不止于呼吸，还可以扩展至对身体感受的觉察。我在之前制作的冥想音频中，介绍了一个简化的"身体扫描法"，帮助大家从头顶开始，依次关注身体每个部位的感受，最终达到足部。这种方法可以在进行呼吸练习的同时，觉察身体各部位的紧张或放松状态。

　　每天为自己留出 10 分钟，完全专注于呼吸和对身体的觉察，是非常重要的。身体始终如一地支持着我们，无论我们是快乐、悲伤还是疲惫，它都默默地守护着我们。通过这个方法，我们能够更好地回馈身体，关注那些通常被我们忽略的感受。事实上，许多时候颈椎病、腰腿痛或是循环系统疾病的出现，都是因为我们未能适当地关注和处理自己的情绪和感受。

　　长期坚持这样的练习，使其成为我们每天的"自动清洁程序"，可以帮助我们清理心灵的垃圾。它不仅可以帮我们迅速调节心理压力，还能帮助我们更清晰地面对生活中的问题。即便是面对看似没有答案的难题，通过放松和深呼吸，给大脑一个休息的机会，我们也往往可以在第二天找到新的思路和解决方案。

第五节
家长应该会的心理咨询技术

> 每个人都是自己生命的专家，可能你已具备足够多的资源，足以应对大部分困难，但是依然需要掌灯人陪伴。
>
> ——题记

你是否有以下烦恼？

- 孩子遇到了困难，但是我只知道给建议。

- 我和孩子都想沟通，但是说着说着就吵起来了。

- 孩子出现问题，我不知道如何开口，同时我也感受到很大
  压力。

很多家长看过前文，就能和孩子好好沟通了。只是不知道怎

样才能更好地给孩子力量感。孩子遇到问题，家长能倾听、能共情，这样非常好，但只做到倾听和共情是不够的。

很多时候，出于信任、时机、经济等原因，孩子和专业的心理咨询师建立关系的过程没那么顺利。

所以，我想教给家长一些心理咨询的技术，以便家长在家就能开设"心理咨询室"。这套技术基于焦点解决疗法，**适用于具体的困境类问题**，比如孩子和小伙伴打架了，成绩考砸了等；不适用于弥漫性困境，比如莫名低落、难过、暴躁等。

我经常发现，孩子走出咨询室后，变得轻松和开朗，就像经历了一场全身心的舒缓推拿一样。那么，让人如沐春风的谈话，需具备哪些要素呢？

如沐春风的谈话

如沐春风的谈话，有以下特点。

[1] 专注、安全

建立专注、安全的沟通环境。专注且安全的环境，意味着你们的沟通不会受到外界的干扰，也不会因误解而中断。这是一个让孩子感到自己被高度重视和尊重的环境。在与孩子沟通时，缺乏专注会让他们感觉不被重视，从而影响沟通效果。

专注而安全的物理环境也尤为重要，比如专业的心理咨询室，大都安静、整洁、温馨，外人也都知晓"咨询中，请勿打扰"。

[2] 包容、自由

在沟通的过程中要注意包容和自由，孩子应该可以在你面前畅所欲言，即使是那些令他们感到羞耻的事，或一些奇奇怪怪的想法，都能够在沟通中得到倾诉的机会。与孩子沟通的态度要让孩子感到安全，知道自己不会因为表达真实的想法而被批评或嘲笑。如果某些让他们感到羞耻而难以启齿的事能在一个包容的、价值中立的、没有批判和大道理的环境中被分享，孩子会感到自在和自由，自尊也会因此得到滋养。

[3] 看见自己的能量

接下来，要让孩子通过沟通看到自己的内在能量。这不仅关乎为他们提供正确的答案，更关乎让他们认识到，他们自身就拥有解决问题的能力。对孩子来说，这种自我认知的觉醒，远比家长直接告诉他们答案更重要，它能激励孩子看到自我价值，从而更有信心地面对生活中的挑战。

[4] 明确想达到的目标

协助孩子明确他们想达到的目标。很多人都有这样的感受，在自己身边长大的孩子，目标和我们的并不会相差太远，基本的价值观也一致。即便在青春期的叛逆阶段，孩子也许也会通过一些出人意料的行为来表达自己，但无论何时，深入的沟通仍可以帮助家长和孩子一起确认真正想达成的目标。这个过程中的难点是抽丝剥茧地找到孩子真正想达成的目标，因为许多价值观是隐藏的、矛盾的，需要家长帮孩子慢慢梳理。

[5] 有行动的方向

要拥有明确的行动方向。确定了孩子的目标后，家长要和孩子一起规划如何实现这些目标。明确了方向，孩子会更有动力和热情去寻找和利用生活中的资源，支持自己实现梦想。这一过程不仅关乎目标的设定，更重要的是如何将目标转化为孩子愿意并能够执行的具体行动。

上述沟通，不仅能够提高家长与孩子间沟通的效率，还能帮助孩子认识到自己的价值，激发他们内在的能力，陪伴他们一起设定并实现自己的目标。这样的沟通对孩子的成长是极为重要的支持，可以让他们感受到爱、理解和尊重，同时也为他们提供了实现自我价值的路径。

焦点解决的六个要素

许多心理学流派，都非常注重焦点解决短期治疗（Solution-Focused Brief Therapy, SFBT），它的特点是短、平、快。在这里，我将介绍焦点解决的六大要素。我为每个要素都设计了 3 ~ 4 个具体的提问示例。你可以在与孩子的沟通中，尝试引导对话，探索是否能够从这六个要素入手，推进对话的深入。

采用这种方法，即便暂时没有与心理咨询师接触的机会，孩子也能通过与家长的对话吸收到指引的能量，实现情感上的成长，有效解决问题。

第一个要素：评量。凡事量化，才更容易实现。

这里我设置的 3 个问句是：

1. 从 1 分到 10 分，如果 10 分代表你最想达到的结果，0 分代表你最不想看到的结果，你给目前的情况打几分呢？

2. 是什么原因让你选择了这个分数，而不是更低或更高的分数？更低或更高的分数意味着什么？

3. 如果在这个分数的基础上提高 1 分或 0.5 分，情况会和现在有什么不同？

第二个要素：应对。向你求助前，孩子已经尝试过或想象过用哪些方法可以让自己更好一点儿。和孩子讨论他尝试过的方法，有助于他捋清思路，最重要的是，你可以不评价孩子想过的方法，只做补充，而不必成为唠叨的家长。

这里，我给大家准备了 4 个通用问句：

1. 发生那么多事，你是怎么熬过来的呢？

2. 之前发生过类似的事吗？当时你是怎么应对的呢？

3. 上次出现这种情况，你都做了什么？

4. 如果想让状况更好一点儿，我们可以采取哪些行动？

第三个要素：关系。我们的压力和动力，很大程度上来自身边的关系。"我在乎的人如何看待我？""我多么希望那双爱我的眼睛看到我在奋斗着""我这么辛苦，怎么就是得不到支持和理解呢"……

我们做心理工作的人都知道，许多问题都来自拧巴的关系，帮孩子看清自己在乎的关系，摸清关系带给他的意义，是一个让孩子重获能量的过程。

下面我给大家准备了 4 个问句，抛砖引玉：

1. 除了妈妈和你自己，假设还有朋友希望你做得更好一些，他会对你说些什么呢？而这些是你还没有准备好对自己说的。

2. 如果 20 年后的你穿越到现在，猜猜看他会对你说些什么？

3. 当你有所改变后，谁会发现你和平常不一样了？其他人是怎样发现情况变好了的？

4. 父母想对你说的是……

第四个要素：例外。纵使生活充满荆棘，我们血流不止，但是照常升起的太阳，还是会照见那些不一样的瞬间。我们似乎也总有那么一些时候，做对了一些事，没有掉到"坑"里，这些都有迹可循。让我们放大、看清，把痕迹和规律握在手里。

这里，我给大家准备的问句是：

1. 有没有发生这种情况的时候？

2. 什么时候，你想要的结果发生了，即使只是一点点？

3. 你做了什么事，让想要的结果发生了呢？

第五个要素：结果。以终为始，是一种更容易产生结果的生活态度。有时候我们会被焦虑裹挟：啊，现在的生活好糟糕啊！我好痛苦啊！这件事怎么就发展成这个样子了呢？

但是，如果我们尝试把注意力放在未来，就可以这样想："现在不如意，我想要的结果是什么样子呢？"

这里我给大家准备的问句是：

1. 我很高兴你信任我，和我讲这么多。对我们今天的谈话，你有没有比较期待的结果？

2. 你考虑过的所有事情中，哪一件是你最想探索的？

3. 如果你最想要的结果达成了，会对你产生哪些正面影响？

4. 如果你的难题明天早上彻底解决了，咱们的生活会有哪些转变？你会注意到哪些迹象？（奇迹问句）

第六个要素：安全网。这部分问题未必会被用到，它们的作用是缩小孩子当下问题的范围。如果孩子的问题非常清晰，没那么复杂，则不必问这些问题。但是，如果孩子说起比较宏大的问题，比如理想、价值观、人生等，就可以用以下问题细化一下。

我准备了 4 个问句：

1.关于这个问题，有什么是你已经知道的？

2.现在可以做些什么，让我们的谈话更有效率呢？

3.这会为你带来什么不同吗？还有吗？

4.如果由你来决定，你最希望我问你的问题是什么？

结合前文的万能沟通五步法和焦点解决技术，我给大家做一个场景示范，抛砖引玉。

孩子：妈妈，我明天不想上学了。

妈妈：来，儿子，妈妈抱抱。告诉我，出什么事了吗？（用
　　　肢体语言共情）

孩子：就是感觉压力很大。

妈妈：嗯，压力很大，可以详细说说吗？（倾听，具体化）

孩子：作业太多，做不完，数学课听不懂，要背的东西记
　　　不住……

妈妈：嗯……确实是压力很大，换作是我，也会感觉上学
　　　好有压力，不想去。（共情——你的感受都是合理的，
　　　我完全理解）

孩子：是啊！妈妈，我真的好累。

妈妈：那这样，儿子，如果用10分代表压力最大，0分代

表没有压力，你感觉上学给你的压力指数是几分呢？

（评量）

孩子：8分吧。

妈妈：8分呀？那确实是压力挺大的，最近真是辛苦了（抱抱或摸摸头、拍拍肩膀，用肢体语言表达共情）。这样的压力对你来说也已经有一段时间了，我相信你也尝试过让自己好过一点，可以和我分享一下你都做过哪些尝试吗？（应对）

孩子：我每天回家多做半小时数学题，希望数学成绩更好一点儿。

妈妈：数学成绩不够好，就为此多花时间，这非常好，还有吗？（倾听——让情绪尽情流淌）

孩子：我还试过在困的时候做20个俯卧撑，您说过运动会带来激素水平的变化，能让我更专心。

妈妈：你试过这么多方法啊，我的儿子真了不起，你是个遇到问题就会想办法的人，这是非常宝贵的品质。（积极暗示）

孩子：可是，我做得还是不够好。

妈妈：（摸摸头）我觉得你已经做得很好了，但是妈妈还是
想问一下，如果有一天，奇迹发生了，你现在担忧的
问题全解决了，那会是怎样的一个场景呢？（结果预
想——奇迹问句）

孩子：我上数学课的时候完全能听懂，做题时如有神助，
要背的东西背几遍就熟练了，不熟练我也不烦躁，
不困。

妈妈：非常好。

孩子：妈妈这样一说，我感觉如果我背不下来也不烦躁，就
会好一点儿。

妈妈：我儿子这么厉害，这么快就发现了一个新"宝藏"，
如果背不下来也不烦躁，那你刚才说的 8 分的压力指
数会有变化吗？

孩子：会降到 6 分，可是哪有那么容易做什么事都顺利。
（带出孩子之前限制性的价值观——只要做事就很快
能成。）

妈妈：超厉害，你能够自己找到原因，找到突破口了！妈妈
还想再问你，如果奇迹发生了，谁会发现或者你希望

谁能发现？

孩子：我的同桌能发现，因为她做题比我快，我希望她能看
　　　到我的数学很好，和她一样好，甚至比她还好。（带
　　　出重要关系）

妈妈：妈妈懂了。

……

　　和孩子的谈话到了这个程度就可以暂停一下了，他的压力有
所减轻即可，不需要一下子消失。通过谈话我们发现了孩子的限
制性价值观——只要做事就很快能成，以及让他压力加剧的一个
因素——同桌的优秀。

　　这样，我们就帮助孩子把一团乱麻的心思厘清了。在这个过
程中，能做到全神贯注又不加评判地倾听、有效提问是关键。

　　这是一个埋种子的过程，种子埋好了，孩子的心智便会慢慢
开花结果。

第六章

情绪力实战

第一节
案例 1：为什么说 100 遍
"快去洗手"都没用

案主自述

主人公：8 岁男孩的妈妈。

关于洗手，母子发生了以下对话，妈妈在对话后加上了当时的情绪。

妈妈：儿子，吃饭了，先去洗手。（平静）

儿子：我的手不脏，回家时已经洗过了。（平静）

妈妈：你玩玩具了，手又脏了。（烦躁）

儿子的第一种回答：我吃饭时，不用手拿食物，所以不用洗

手。(有点儿担心地坐在饭桌旁)

第二种回答：我累了，不想动。(有点担心，躺在沙发上)

第三种回答：我就不洗。(对抗，有情绪)

妈妈：你是讲究卫生的孩子，手洗得干干净净的，多好。(平静)

儿子的第一种反应：回答"好吧"。(夸奖有效，开开心心地去洗手)

第二种反应：不去洗手，不言不语，只管吃饭。(有点担心，死皮赖脸)

妈妈：儿子，你怎么用手抓面条吃？我的天，你的手上都是油，吃完饭，用肥皂把手洗干净，把洒在沙发上的面条清理一下。(烦躁)

儿子：(不言不语，平静)

妈妈：吃完饭了，洗手去。你别乱摸，摸得到处都是油。(声音大，烦躁)

儿子：(不吭声，继续做自己的事。摸摸这、摸摸那，故意把手上的油蹭到其他地方)(有点担心，但是依然我行我素)

妈妈：(情绪崩溃，冲到孩子面前，打了孩子一顿。)

儿子：（恐惧，或者瞪着眼睛和妈妈争吵）

分析

先说一下妈妈做得对的地方。妈妈有情绪识别意识，把和孩子的常见沟通困境分门别类，并且在每一句话后标注情绪，包括平静、烦躁、担心等。这非常重要，也是非常好的习惯，因为双方情绪不同，沟通的效果就不同。

妈妈的分析能力很强。妈妈留意到当让孩子洗手时，孩子会有三种不同的回应方式，梳理这一情景的过程中，妈妈能够细致地觉察孩子以及自己的心态和情绪变化，这是沟通的基本功。

高手的能力，都藏在细节里。

再说说妈妈可以提升的部分。妈妈没有在烦躁时停止教育。我不断强调不要在有负面情绪时教育孩子，这是铁律。带着负面情绪教育孩子，不会有好的效果。

有情绪时请一定按下暂停键。这需要觉察自己的情绪，并有意识地把情绪"憋回去"，很不容易做到。

在互动时，如果孩子表现得较为叛逆，妈妈也不够松弛，可以适度放宽家里的标准。

案例中的心理学

[1] 消极情绪→消极思维→消极行为

因为气质类型和养育方式的差异，孩子的叛逆期几乎可以横跨整个成长阶段。具体表现为：孩子希望生活中的一些事件能遵循自己的主张，所以会反对家长，对家长说"不"，甚至有时刚刚说完"不做"，就去做了。因为他希望事情是由他自己驱动的。

孩子的自主性在发展，可能会因为你命令他做某件事而拒绝做。你可以把命令换成提问的方式表达，比如："马上要吃饭了，我们该做什么？"这样他可能会更好地接受你的想法，因为他不再是一个执行命令的人。

妈妈说"你玩玩具了，手又脏了"时，孩子已经开始烦躁了。社交的第一个指示点是：消极情绪会带来消极的思维，然后带来消极的行为。消极情绪包括烦躁、愤怒、焦虑、难过、悲伤。如果你有这些情绪时，建议先按下暂停键。在感觉烦躁时，可以直接告诉孩子："你这样说让我有点儿烦躁。"但如果继续沟通，大概率会带来消极的结果，因为孩子首先感受到的是不被接纳、不被喜欢。这时你也会产生一些消极的想法，比如孩子不争气、难管、讨厌等，紧接着，你的语气和行为也会变得消极，形成消极的氛围，孩子更加不愿配合你。

孩子有反叛期和脾气不是坏事，因为人要成长为真正有力量的人，就需要在意自己的感受，坚持自己的主张，并在权益被侵犯或遇到冲突时懂得维护自己。而孩子形成这种品质的基础是家长能够觉察自己的情绪，不那么自恋，不要让孩子时刻按照家长的想法做事。

[2] 自恋受损带来的烦躁

家长让孩子去洗手，孩子照做家长就开心，这其实是在满足家长的自恋；若孩子没去做家长就烦躁，这其实是家长的自恋受损的表现。

若家长比较在意自恋的满足，他的意志和孩子的意志可能发生冲突，由于家长比孩子的力量强大，孩子的自我意志就会始终处在被打压、不被尊重的境况中，得不到滋养。这件事让孩子感到被压抑的愤怒，就更不愿意去执行了。

[3] 让孩子主动做事的两大思路

第一，要让孩子感受到做这件事的意义，比如洗手。家长需要不断向孩子强调洗手重要性，可以通过阅读童书、观看短视频和纪录片等方式，让孩子了解细菌和病毒是如何传播的。为什么大人能够主动去洗手，而孩子往往不能呢？因为大人深刻理解洗手的重要性，知道细菌和病毒很容易通过手传播。

第二，要让孩子觉得做这件事的过程很快乐。家长可以通过营造善意和接纳的氛围，使孩子更愿意去执行。例如，可以用游戏的方法，我会装成一个机器人，用"滴滴滴"的方式提醒孩子去洗手。如果孩子不洗手，我就会重复提醒他，这样他便不会觉得自己在被逼迫。此外，还可以通过讲故事的方式，比如家长告诉孩子大病毒魔王正带着小病毒在手上爬，以此来提醒孩子去洗手。这种形象的方式能让孩子更好地感受到洗手的重要性。10岁以下的孩子更容易接受这种方式，虽然他们知道这是编的故事，但也明白父母为了让自己去洗手费了心思，会感受到父母的善意和有趣，从而更愿意去洗手。

还可以采用鼓励法。比如你可以告诉孩子他在幼儿园或学校是卫生标兵，强调洗手的重要性，鼓励他继续保持好的卫生习惯。多子女的家庭，可以设立卫生安全员的角色，鼓励孩子们互相检查洗手步骤，增加互动和趣味性。

家长还可以选择有趣的洗手用品，比如能按出花朵形泡泡的洗手液，或者形状有趣的香皂，甚至可以让孩子自己制作香皂。

虽然对大人来说有些费事，这些方法却可以帮助孩子理解事情的意义，感受到做事的快乐，从而更主动地去做事。主动性是孩子将外界规则内化为自己的规则的过程，早晚都会完成。关键在于这个过程是快还是慢，是快乐还是痛苦。如果家长在过程中多花一些心思，孩子就能感受更多的善意和乐趣，自主能力也会更好地发展。

[4] 抓大放小原则

孩子可能会说："我吃饭时不用手抓食物，所以不用洗手。"如果我的孩子这样说，我可能不会再做太多强调。我会觉得他有自己的想法，能自圆其说。这是抓大放小的原则：孩子不需要事事正确。哪怕今天没洗手，我能不能放下焦虑，接纳不完美的他？我们自己也并不完美。

孩子需要家长关注和培养的地方很多，他们不可能每件事都做得正确。所以如果孩子说他不用手吃饭，那么你就别逼着他去洗手，如果在吃饭时发现他用了手，再让他去洗手，这也是一种解决方式。

孩子可能还会说："我累了，不想动。"本着抓大放小的原则，我可能会拿湿巾帮他擦手，不让他过多地动。很多非原则性的事不需要马上解决，特别是我们带着情绪，而且还有别的事要做时，我们可以一件一件地解决。

[5] 积极情绪：消极情绪 ≈ 3：1

为了让孩子的自驱力更坚实，家长需要遵循积极情绪和消极情绪三比一的原则，抓大放小，不要在小事上过于执着。有时候孩子情绪不佳，家长不必在某件事上过于较真。如果孩子不主动去洗手，家长可以默默地帮他洗干净，不必多说什么。这样，他也会慢慢养成习惯。

[6] 先有心情，后有事情

如果你带着不好的心情做事，事情一定不会顺利。比如孩子用手抓着面条吃，你可能会烦躁地说："你手上都是面条，赶紧去洗。"语气充满了嫌弃，事情一定进展不顺。只有客观地认识到这一点，才能进一步调整自己。

有些家长领悟得快，而有些则领悟得慢。家长心情不好时，很容易发火责骂孩子。家长这样做虽然暂时感觉痛快，但孩子的行为不会有什么改变。要想改变孩子的行为，家长一定要心平气和地引导，在自己确实没有情绪时进行引导，而不是在引导时装作没有情绪。在有情绪时，家长最好不说话，让自己冷静一下，不要急于教育孩子。如果孩子过来，可以告诉他："妈妈现在不想说话，因为刚才的事让我很不舒服。"家长带着情绪给孩子讲道理，孩子往往听不进去，只会感到家长不喜欢他。

当家长烦躁时，孩子不会配合家长，而会表现出隐性攻击。比如吃完饭后，家长让孩子别乱摸，他却故意摸来摸去，就是因为家长先表现出攻击性，孩子才用让家长不舒服的方式来反击。

因此，家长保持冷静和心平气和是关键。

[7] 叛逆的反面是被接纳

感受到被接纳和被尊重，孩子就不会有那么强烈的逆反情绪。因为这时孩子和家长是站在一起的，是并肩作战的队友而不是对手。

[8] 万能沟通五步法

在平和、愉快的氛围中，比如睡前抚触孩子的时候，和孩子沟通。

"儿子，关于饭前和饭后洗手这件事，我们俩今天又闹不愉快了（客观描述）。说实话，妈妈很烦恼（陈述感受），你可以帮帮我吗？其实仔细想想，每次都是妈妈的态度不好，所以你就更不愿意听话，不去洗手，对不对（换位思考）？我儿子是个特别有主见、有思想的孩子，肯定知道不洗手的坏处（积极暗示），这都不用妈妈多说，是不是？那你可不可以帮妈妈想想办法，我该怎样说、怎样做，你才愿意在吃饭前后洗手呢（协商）？"

第二节
案例 2：一写作业就鸡飞狗跳

案主自述

主人公：10 岁男孩的妈妈。

老师，情况一般是这样的，孩子做完作业后，我会检查，发现有错题，就要求孩子改正。问题就出在改错题这里。

错题大概有两种情况，一种是我认为对孩子来说有点难度的，对这一种我不会做太多要求。另一种是，题不难，但是孩子因为各种原因做错了，我会很生气，要他认真改正。我们的矛盾就从这里开始了，比如应用题，他连题目都不看，就说"不会"。我说"你再读一遍题"，他扭来扭去地用身体语言和各种动作来表达自己不想读题，瘫坐在椅子上，勉为其难地读题，态度十分消极，读完后直接说"我不会"。这时我就很生气了，特别是听到他说"我不会"三个字时。

然后，我会说"你再读一遍题目"，他就不读，我说"再读一遍"，他便说"我不会，你强迫我干吗？这是我的决定，你管不了我的决定"。

我说"那你让我一个人待一会儿"，他又不乐意，要求我站在他旁边，不能离开。这时候我已经非常生气了，我想走开。他让我抱抱他，可我不想抱他，我的身体语言表现出来的和嘴里说出来的都是拒绝。

他开始哭，一直哭，我听得很不耐烦，但我不想抱他，他就是要我抱，一直哭。于是，我就开始和他讲道理，我说"错了也没有关系，改正就可以了"。我感觉自己这时已经失去了理性，讲了一堆大道理，他可能一句也没有听进去。因为第二天又发生了同样的情况。

上面的场景要持续1~2小时，真的很伤人，他难过，我也很难过。以前我忍不住会打他，有时会说出令他伤心的话。这又会让我难过很久。

现在我听了您的课，对孩子的要求低了一些。但是，我真的不知道怎么去调节他的情绪，让他不要说出反着自己内心的话。

我希望能给他一个方法选择，不要轻易说自己不会。

分析

先说一下妈妈做得好的地方。

1. 孩子在做有难度的题时，没有对孩子做过多要求。

2. "这是我的决定，你管不了我的决定。"这是 10 岁的孩子说出来的，虽然妈妈听了心里不舒服，但至少说明对孩子的自主性和自尊保护得还不错。

3. 能够意识到，自己生气的时候说再多，孩子一句也听不进。

4. "让我一个人待一会儿。"情绪达到一定程度的时候，妈妈有意识地按下了暂停键。

再说说妈妈值得提升的地方。

1. 有错题就一定要当场纠正吗？可以暂时放一段时间吗？

2. 妈妈看到难度不大孩子却做错的题时，会生气，并且没等情绪平复就和孩子沟通。

这个案例侧面反映了以下问题。

1.孩子的焦虑。妈妈气急了想离开，孩子不同意，而且还求抱抱。这就像孩子需要脐带，但妈妈硬要剪断，在这一刻，妈妈已经不是一个呵护孩子的角色，而是一个受了委屈的女孩，无暇顾及他人的情绪。所以，孩子求爱而不得，最后崩溃大哭。

2.和孩子的连接模式。孩子做错题—妈妈生气—孩子不改—妈妈更生气，要走开—孩子大哭—妈妈留下来讲大道理，但是第二天依然如此。

我们来看在孩子大哭之后的这段，他为什么大哭？因为害怕失去妈妈、失去妈妈的爱。

妈妈讲大道理为什么没用？因为在这时孩子只是想和妈妈连接，想体验妈妈在乎自己、为自己花时间的感觉，不在乎妈妈说的内容是什么。

案例中的心理学

[1] 正面反馈原则

一般来说，行为不强化就会消退，强化了就会增强，无论是正面行为还是负面行为都是如此。

因此，如果孩子做错了题时家长还去强调，增加的只是他对错题的印象。对于内心比较坚韧的孩子来讲，这是没问题的，做错了只是加深印象，不影响对自己的评价。然而，对于在当前这件事上缺乏自信，并且亲子关系没那么松弛的孩子来讲，他可能会通过这件事更多地感受到"自己不够好""妈妈不喜欢我""我好差劲"，这样不仅无法改善当前的小问题，反而会挫伤孩子的自信心。

我女儿小时候写拼音 b，一整行都歪歪扭扭的，只有一个看起来稍微好一点儿。她的老师和她说："你这个 b 写得真好，'肚子'特别圆，竖特别直，而且都没有写出格子！"然后我女儿自己就拿橡皮把其他的字擦掉了，说："那我擦掉重新写，其他的 b 我也可以写得一样好！"

看到了吗？教导孩子，家长可以强调他做得不够好的地方，让他看到自己写得歪歪扭扭的，这是负强化；也可以强调他做得好的地方，让他看到自己的好，以及好的标准是什么，这就是正强化。

选择使用正强化还是负强化，给孩子带来的体验和自信心会完全不同，这是不言而喻的。

[2] 积极情绪：消极情绪 ≥ 3：1

上文讲了正面反馈原则，但是，在养育孩子的漫长岁月里，不可能每一次都是正反馈，那么在什么时候我们直接指出孩子的错误也不会有太大伤害呢？

大致原则就是：积极情绪：消极情绪 ≥ 3：1。

在满足这个条件的情况下，你去指出孩子做得不足之处，他不会先反应"是我这个人不好"，而会认为"我这个人是好的，只是这件事没做好"，这时他会比较容易接受家长的指正。

[3] 内聚性自我

一个人的内聚性自我强，就不容易被外界的刺激影响，那么内聚性自我强有哪些表现呢？一是感觉自己是好的，二是感觉这个世界是欢迎自己的。

因此，要想知道一个孩子的整体状态是否良好，他的生命力是否饱满，观察这两点就够了。内聚性自我强的孩子，有个很明显的特点就是"皮实"，无论是做事还是和人打交道，即使遇到不如意，也不容易产生情绪波动，因为他的内核是稳定的，他坚信"我是好的"。即使对这个世界偶有失望，他也认为大多数事情是值得期待的，这样他就容易感到心安。

【4】 情绪脑和理智脑之间的关系

这是我们不断强调的一个概念，当我们的情绪脑占主导时，理智脑是不思考的。所以，对于重要的关系，我们一定要对自己的情绪有所觉察，在情绪比较强烈时，不要做决策，也不要多说话，因为这时说出来的话和做出来的决定往往是不理智的。

【5】 S-E-R（刺激物－情绪－反应）

对于同样的场景（刺激物），你的情绪不同会导致结果不同。理智脑和情绪脑是互相制约的。

【6】 压力 =（期望－现实）/ 人格系数

这位妈妈为什么在孩子把简单的题做错了的情况下会非常生气？因为她的期待较高——这样的题应该很快能做好啊！但是，现实是，这样简单的题孩子都没做对。这样，期待和现实之间就有了落差，这个落差越大，往往压力就越大。

但是，如果你的人格是强大的，人格系数是高的，基本的表现形式就是情绪稳定、看得开。期望值比较高也是没问题的，就怕期望与现实骤然出现大的落差，同时人格又没那么强大，压力就会剧增。

[7] 焦虑的两个本质

焦虑的两个本质，一个是害怕失去爱，另一个是害怕失去边界。案例1中的小男孩在妈妈生气要走后崩溃大哭，明显是害怕失去爱。孩子以为"这件事我没做好，所以妈妈就不爱我了"，这是很可怕的。家长需要让孩子知道，无论孩子有没有把这件事做好，自己都是爱孩子的，有时候家长会生孩子的气，但不是不爱孩子，有时候家长确实会觉得孩子做得不够好，但也不是不爱孩子，家长会一直陪着孩子，一起面对困难。如此，孩子才不会有这种弥漫性焦虑。

[8] 情绪的自我调节方法

在本案中，妈妈看到孩子连简单的题都做不对，对不会做的题不积极思考，就会生气。正确的做法应该是什么呢？作为家长，应该在这一刻马上按下暂停键，用前文讲到的快速调节情绪的 3 个方法让自己平和下来。

比如做 5~10 组"吸气－慢呼吸法"，先平和下来。

[9] 万能沟通五步法

平和下来后，再用万能沟通五步法和孩子沟通。

"儿子，妈妈看看你做的作业。嗯……字写得真工整（滋养积极情绪），不过呢，有个事我想和你讨论一下。在你刚刚说'我不会'的时候（客观描述事实），其实妈妈有点儿难过，也有些生气（陈述自己的感受）。但是，我试着从你的角度理解了一下，我们之前经常因为你说'我不会'而吵架，所以一出现这个场景，你就已经有不开心的体验了，很容易说出有情绪的话，对不对？说实话，妈妈在有情绪的时候也会这样，这都是难免的（换位思考）。你是个很有思想的孩子（积极暗示），就这件事，我相信你和我一样都希望变得更好，你有什么建议吗？（协商）……非常好，妈妈还有一点补充……"

第三节
案例 3：孩子手机不离手怎么办

案主自述

主人公：14 岁男孩的妈妈。

今天我又抢孩子的手机了，我就想看看他到底会怎么样，结果把他惹怒了。

他白天没事就看手机上的视频，晚上回家我就把他的手机抢过来没收了，他很生气，还踢了我一脚。我气坏了，作势要打他，结果他摔门出去了。我只好在楼下等他，终于把他等回来了，拉他回家，但他还在不停地挣扎。

我和孩子说："我们谈谈吧，你是不是不想回家了？"他说

"不想"，不知道他是不是在吓唬我。我又问他："你自己能生存吗？"他说"可以"。我恳求他回家，并解释说抢他手机是因为他白天玩的时间太久了。我说不能这么玩，以后每天只能玩 1 小时手机。他说时间太短了，要玩 2 小时。我答应了，结果他又后悔自己说出来的话。于是，我把他拉回家要和他签定玩手机的协议。

您一定觉得我这个妈妈又反复无常了吧。

分析

先说一下案例中妈妈做得对的地方。妈妈在和孩子发生冲突后还会在楼下等孩子，这一点很难得，有的妈妈一生气就和孩子说"我再也不要你了"之类的话，如果孩子很敏感，会受到很大创伤。家长无论多么生气，也要让孩子知道，家里始终有人在等着他，家不完美，但是这里是他的家，没那么容易变化和动荡。

这样，他的躁动、慌张、幼稚、良心等才有处安放和生长。

再说说妈妈值得改进的地方。家长自己有情绪时一定要把教育孩子的事先放到一边。这一点虽然是老生常谈，但还是有很多家长做不到。人在情绪激动时容易思维狭窄，非此即彼，做出不明智的决策，伤害本可以互相滋养的关系。

家长在被情绪掌控时，孩子往往也处在激烈的情绪中，两个尖锐的个体对抗，很容易产生负面结果。

情绪强烈的时候，家长要站在第三者的立场觉察，自己是想充分地释放自己的情绪，还是想教育孩子，让他成为一个更好的人？

坦白地讲，我也做不到每次都只是为孩子，完全管住自己的情绪。

这里只是提醒大家，身为家长，要知道自己在做什么，如果只为释放自己的情绪，那么亲子关系被破坏也在预料之中。

案例侧面反映了以下问题。

1. 这个家庭的沟通模式有些粗暴。

妈妈粗暴地抢儿子的手机，儿子粗暴地踢妈妈，看得我心惊胆战。不论是什么问题，用这个方式来解决，就都只剩下了火药味。如果反思父母之间，甚至祖辈和父辈之间的互动模式，一定能够找到粗暴互动的线索。

2. 孩子整体的力量感还不错。

能激烈反抗的孩子比任人宰割毫无反抗力的孩子更让人放

心，教育前者只需制定好行为规范，修枝剪叶；对后者却需要从头开始悉心浇灌，还不一定能重唤生机。

案例中的心理学

[1] 人的连接渴望

人天生具有对情感连接的渴望，而孩子生命中的第一段重要连接就是和妈妈的关系。如果这个连接断了，和妈妈的关系不好，孩子就会不断寻找可以给自己稳定支持和营养的连接，如果寻找不到，他就会把自己封闭在壳里，掐灭这份渴望。

心理学研究表明，几乎所有成瘾性行为都和现实生活中缺少满意的关系有关。

孩子爱玩手机，往往是因为现实中没有一段让他感到松弛、被滋养的关系，所以外界提供的兴奋特别容易让他们沉迷。

[2] 情绪脑和理智脑

几乎每个不让人满意的亲子关系都会涉及这个概念，接下来我们展开讲一讲案例中涉及的愤怒情绪。

情绪脑和理智脑是心理学和神经科学中常用的两个概念，用来描述大脑中不同区域在情绪处理和理性思考中的作用。理解它们之间的关系有助于我们更好地理解人类行为、情绪反应以及决策过程。

情绪脑主要指边缘系统，是大脑中负责处理情绪和记忆的区域。边缘系统包括几个主要结构：①杏仁核，负责处理情绪反应，尤其是恐惧和愤怒；②海马体，与记忆形成和情绪调节有关；③下丘脑，调节身体的基本生理需求，如饥饿、欲望，同时也参与情绪反应。

理智脑主要指前额叶皮质，是大脑中负责高级认知功能的区域，包括计划、决策、逻辑思维和自我控制。前额叶皮质可以分为几个部分，每个部分都有特定的功能：①背外侧前额叶皮质，负责记忆、计划和决策；②腹内侧前额叶皮质，与情绪调节和社会行为有关；③前扣带回皮质，参与情绪调节、冲突监测和错误检测。

情绪脑和理智脑是相互作用的复杂关系。情绪脑可以强烈地影响理智脑的功能。例如，当我们极度愤怒或恐惧时，杏仁核的过度活跃可能会暂时压制前额叶皮质的功能，使我们难以进

行理性思考和自我控制。理智脑也可以调节情绪脑的活动。前额
叶皮质可以通过认知重评等策略来调节情绪反应，从而缓解负面
情绪。

在理想情况下，情绪脑和理智脑应该保持平衡。情绪脑提供
情感动机和社会信号，而理智脑则负责评估这些情感和信号，并
做出恰当的决策。

在某些情况下，情绪脑和理智脑可能会发生冲突。例如，当
一个人面对诱惑时，情绪脑可能会驱使他追求立即满足，而理智
脑则会评估长期后果并尝试抑制这种冲动。

人在青少年时期，前额叶皮质尚未完全发育成熟，情绪脑对
行为的影响更为显著。这也是为什么青少年往往表现出更强的情
绪波动，出现冲动行为。

随着年龄的增长，前额叶皮质逐渐发育成熟，理智脑对情绪
脑的调节能力增强，所以成年人通常能够更好地控制情绪和做出
理性决策。

理解情绪脑和理智脑之间的关系可以帮助我们在日常生活中
更好地管理情绪，并做出理性决策。例如，通过练习冥想、认知
行为疗法（CBT）等方式，可以增强前额叶皮质的功能，从而调

节情绪反应。在做重要决策时，我们可以尝试延迟决策，给前额叶皮质更多时间来评估情绪脑提供的信息，从而做出更理性的选择。

总之，情绪脑和理智脑的关系是动态且复杂的，家长在教育孩子时一定要记住，错开双方有情绪的时候。

[3] 万能沟通五步法

如果这位妈妈可以这样和孩子沟通，情况会好很多。

"儿子，暑假以来妈妈观察到你每天玩手机的时间大约在3小时以上（客观描述），说实话我很焦虑（陈述感受）。你爸爸和爷爷总是因这件事责怪我，认为我对你的教育方式有问题，这让我感到无助、委屈，也生气，我生自己的气（陈述感受），不知道怎样和你沟通好，我也生你爸爸的气，他除了暴力和冷战，没有更好的解决方案。我也试着去理解你，一方面，你上学的时候每天的节奏都很紧张，好不容易休息了，就想玩手机放松一下；另一方面，这个家可能让你觉得不温馨，你也许能在手机里找到一些让你开心的事（换位思考）。妈妈想的也不一定对，但是如果你愿意和我沟通你的想法，我特别愿意好好听。我的儿子长大了，妈妈的能力有限，正在努力跟紧你的步伐。你一向是个很有想法的孩子（积极暗示），一定知道无节制地玩手机对自己不好。因此，关于手机的使用，昨天你提了希望一天用 2 小时，妈妈想补充一下，每隔 40 分钟左右休息一下，总时间就先按照你说的来吧！

如果你连续 3 天做到了每天用手机不超过 2 小时，咱们就出去吃烧烤庆祝，怎么样？如果做不到，你说说，制定什么样的惩罚规则比较好呢？"

亲子协议的制定

在用万能沟通五步法和孩子沟通时，家长要保证情绪平和，这样彼此才能听进对方的话，紧接着就要落实具体可执行的协议。

制定亲子协议有三大前提：①在没有负面情绪的时候制定；②协商共赢；③仪式感。

制定亲子协议有四大要素：①规则明确和量化；②有奖惩；③别贪多；④及时的正面反馈。

之后，家长可以按以下步骤，和孩子进一步沟通。

[1] 聊奖惩制度

奖惩很重要，要明确对协议条件"做到了怎么样，做不到又该怎么样"。比如，可以给孩子设定"如果连续 3 天做到，就出去吃烧烤庆祝一下"，或者给孩子买他想吃的或想要的东西，东西不要太贵，按照家庭的消费习惯来即可。这些都是正反馈。另外，我还想提醒家长，给孩子设定的期限千万不能太长，一天、两天、三天都可以，重要的是给孩子仪式感和及时的正反馈，让他有动力继续遵守规则。

如果孩子做不到协议条件，就要遵守惩罚的规则。具体怎么惩罚，也要和孩子一起商议，要尽可能地尊重孩子，让他自己思考。家长可以适当补充。

在这里，我再强调一下，要把这件未做到的事情本身作为直接后果，不要再加上其他条件，比如"如果你做不到，我就不给你零花钱了"。

[2] 给大脑设定一个时间锚点

制定好亲子协议后，要特别关注协议提到的第一个时间点，比如说好了每天玩 2 小时手机，那么孩子一开始玩，就要和孩子约定好几点收手机，并且和孩子说："妈妈会在 × × 时间提醒你，时间一到，妈妈就会收走手机。"

也就是，一开始就在孩子的大脑里定一个时间锚点。当你提前给大脑设定好时间锚点，达到这个锚点后，脑神经会自动按下刹车键。

[3] 给孩子选择权

给孩子选择权，是为了增加孩子的自主性和自尊心。你可以问孩子"你是主动把手机交还给妈妈呢，还是妈妈去拿"。如果孩子选择了主动交还却未能做到，家长应该把手机收走，同时注意态度要温和而坚定。

[4] 倒计时法

我们还要给孩子的神经系统一个缓冲，假如以 40 分钟为一个时间单位，我会在倒计时 10 分钟时，和孩子说："再过 10 分钟，妈妈就要收手机了。"然后过 5 分钟再提醒一下孩子，过 3 分钟再提醒一次。

[5] 增加孩子的胜任感

什么是胜任感？它指的是确立目标后能够完成的能力。从完成一件小事开始，慢慢完成大事，会让孩子觉得——我是一个可以制定目标、完成目标的人，从而增加孩子的胜任感。

[6] 正面反馈

在执行协议的过程中，家长要给孩子正反馈。对 10 岁以下的孩子，家长可以尽情地夸赞，比如："哎呀，你真了不起。你看，说好了玩到几点，时间一到你就能把手机给妈妈。你真不简单，像你这么大的孩子大部分都做不到呢！"

但对 10 岁以上的孩子，就不能这样夸赞了，这会让孩子感觉你在"套路"他。孩子遵守了约定，家长简单地表示一下认可即可，或者给孩子一个微笑，买点他爱吃的零食。

[7] 不要贪多

最后，特别要注意的是，千万别贪多。要让孩子慢慢地找到胜任感，这种感觉累积到一定程度，就会内化成孩子自己的品质，让他坚信"我就是这样的人"，让他习惯于自己的优秀。

这个时候，你就可以放手了，孩子会自律起来。如果出现反复，也很正常；可能会进展缓慢，这也很正常。